『和』の工夫生活

ゆとりを愉しむ新スタイル

齋藤宗厚
Saito Soko

幻冬舎

ゆとりを愉しむ新スタイル

「和」の工夫生活

まえがき

一九九六年、私はフランスへ渡り、トリアノン・パレスとコルドン・ブルーでお茶会と茶懐石料理を披露しました。お茶会では、フランス国旗、トリアノン旗、日の丸の旗が翻る大理石のテラスに、藍布のタペストリーとヴェルサイユの紅いバラを飾った茶席、御園棚とバカラの水差しという日仏調和のとれたしつらえがよく映りました。

一方、コルドン・ブルーの講座では、「大豆萬化」と銘打った豆腐を主にした献立を組みました。フランスの方々は「なぜ大豆か？」と不思議だったようですが、食材の主役が動物性食品という欧米では、脇役的な豆が主役ということが不思議だったのでしょう。が、私にとって豆腐は、シンプルなだけに難しい料理なのです。しかも素材の大豆は、体にやさしい植物性であり、豆腐やおから、湯葉、はたまた納豆にと千変万化する、まさに和の食材、日本を表現する食材と思えるのです。

フランスで茶懐石を披露、というと大変なことですが、これも最初の一歩があったからこそ。お茶に「一より習い十を知り、十よりかえるもとのその一」という言葉がありますが、すべてに「初めの一歩」があるのです。

「和の暮らし」は、私たちにとって決して無縁なものではありません。私たちの身体の中には祖先から受け継いできた「和」のＤＮＡがあります。そして「和」には、自然と一体化した知恵と人を癒すやさしさがあります。今、洋風の暮らし方になじんでいる人も、最初の一歩を踏み出せば、和の暮らしはすぐにしっとりとなじんでくるはずです。

最初の一歩を難しく考えないで、一番楽しいこと、身近なことにひと工夫してみましょう。例えば日本茶をおいしくいれようとする、おいしくごはんを炊く、徳利に野草を一輪生けてみる。そういうことから始めればよろしいのです。大事なことはちょっと立ち止まって、自分の「作法」を作ることです。その作法は、自分らしく自分を表現できる暮らし方、しかも周囲と違和感のない調和のとれた心地よい生活です。

一から始め、十を知ってまた一へかえる、そんなスパイラルな精神で、自分のスタンスを見つめてみましょう。この本の「和の暮らし」は、暮らし方の提案であり、そういう考え方、生き方のヒントでもあるのです。

どうぞ、この本が感性豊かなあなたの暮らしのお役に立ちますように。

二〇〇一年　神無月　　齋藤宗厚

ゆとりを愉しむ新スタイル
「和」の工夫生活
【目次】

第二章 ◎ 家事に生かす 和の工夫

第三章◎キッチンに生かす　和の工夫

第四章◎食卓に生かす和の工夫

第五章 ◎ 料理に生かす 和の工夫

第六章◎もてなしに生かす 和の工夫

第一章

部屋に生かす和の工夫

三か条

一、できるだけものを置かない
一、季節を感じるものをひとつ飾る
一、清潔さを保つ

◉和のしつらいとは

日本の文化の原点は、四季があることです。季節が違えば、目にする景色も、五感で感じる自然も、収穫されるものも、まったく違います。これは、本当に幸せなこと。一年中、同じような気候であったら、それがどんなに快適であっても、変化のなさに面白みを感じることはないでしょう。

私は以前、八月と一〇月に続けてシンガポールへ出かけたことがあります。日本の八月と一〇月はもちろん、一ヵ月違っても空も風もガラッと変わりますが、あちらは三ヵ月たっても同じ。そのあたりのことを、日本人である私たちはもっと意識すべきだと思います。

四季に恵まれた日本で長い伝統にはぐくまれてきた「和のしつらい」は、季節の変化と一体になって、自然となじみ、落ち着きが感じられるものです。だからこそ、そこにいるとき、人は気持ちが癒されるのではないでしょうか。

そもそもしつらいは、漢字では「室礼」と書き、お客様に適《かな》った礼儀を整えてお待ちする、という意味です。どんなお客様をお迎えしても失礼のないように住まいを整えること。つまり、お客様が心地よく過ごせる空間作りですが、そういう空間は当然、住まう人にとっても快適なはずです。

かつて、日本の家は木と紙でできているといわれていましたが、木と紙は植物、まさに自然そのものです。現代では、そういう純和風の家での暮らしが難しくなりました。しかし、都会のマンションでも、たとえ手狭でも、しつらい、インテリアを工夫することで、和を感じる空間を作り、心和《なご》む暮らしを生み出すことができるのです。

九歳から母の手ほどきで茶道を始め、三十余年懐石料理の店を手がけてきた私ですが、住まいも典型的な日本建築です。

そんな暮らしの中から学んだ、和のしつらいの最高のあり方は「シンプル　イズ　ベスト」。なにも置かない、ただ季節を感じさせるものを一点だけ置く、ということです。そして、そのしつらいに近づくために、日頃から心がけることは「清潔感」「すっきり感」「季節感」の三つではないか、と思っています。

わが家の北側に、小さな窓があります。

太陽が昇ると、夏には大きく繁った梢の緑いっぱいに朝日が降り注いで、小さな宇宙が広がります。空と緑を見ていると、心が自由に羽ばたいてどこへでも旅をすることができます。この夏は軽井沢へ、蓼科《たてしな》へ、はたまた伊豆高原へ、と自由自在に心が躍り、まさに『壺中《こちゅう》の天』の心地です。また、秋になると大ぶりな壺《つぼ》にススキを生け、窓辺に置きます。風が吹くたび、銀色の穂を撫でられたススキがさやさやと揺れ、居ながらにして高原を歩いている気持ちになれるのです。

あなたも短い時間でも自然の中に身を置いて、季節の風を感じてください。たとえ都会の真ん中でも、家の中でも、その気になって探せば自然を感じることはできます。

その気になれば、それが和の暮らしを楽しむスタートになります。

自然の中に身を置いて得た感性は、器を選ぶときも、しつらいをするときも、ファッションを選ぶときも、料理をするときも、あなたを変えてくれるはずですから。

オリジナルつくばいを使った玄関のしつらい

お客様を招いたとき、「自分の住まいがどう感じられたか？」が気にならない方はいらっしゃらないでしょう。当然、どなたにも『あっ、きれい』とか『まあ、すてき』と感じていただきたいはずです。間違っても『センスが悪いインテリアね』とか『お掃除嫌いなのかしら』なんて思われたくないでしょう。

「それだからお客様をお招きするのが嫌になるの」という方は、ちょっと考え方を変えて、常日頃から、ふいのお客様がみえても安心して迎えられるよう、最低限のシンプルさを保つように心がけてはいかがでしょう。

すっきりシンプルな住まいは、なにより住む人自身が気持ちのいいものです。なにも置かないということは、お掃除がしやすいということです。余計なものがあれば目障りになるでしょう。目障りなものは、「すぐに片づけよう」という気になるからです。

玄関は家の顔といえます。お客様がいらしたとき、まずお迎えする場が玄関ですから、その家の第一印象はここで決まるのです。人は、家に限らず何事も第一印象に左右されがちなもの、ということを考えれば、玄関をすっきりさせておくことの大切さがおわかりになると思います。たとえ家族であっても、仕事に疲れて帰宅したとき、雑然とした玄関に迎えられては、ため息もつきたくなり、疲れが増すような気持ちになるのは当然でしょう。

玄関にはなるべくものを置かず、できれば目に入るものは季節を感じさせるものが一点だけ、これがベストだと思います。

玄関スペースにゆとりがあるお宅なら、シンプルな椅子を一脚置くのもおすすめです。私の教室ではたびたび餅つきをしますから、玄関先に飾りを兼ねて臼《うす》と杵《きね》が置いてあります。これがお客様のちょっとした荷物置きにも具合がいいようです。

マンションでも楽しめる私のオリジナル「つくばい」をご紹介しましょう。

水のある景色は人の心を静めてくれるものですが、とくに暑い季節、思いがけなく目にする涼やかな景色は、なによりもてなしの気持ちを伝えてくれます。

大きめのすり鉢や鉢に園芸店で購入できる白石を敷き詰め、水を張ったガラス皿を重ねて柄杓《ひしゃく》を添えます。手を洗った水は鉢へこぼせるよう、皿は鉢よりふた回りくらい小さなものを選びます。もちろん、手頃な大きさのものがあれば、すり鉢やガラス皿である必要はありません。

緑の草花をあしらえば、コンクリートの玄関もまるで草庵のようです。玄関に置くスペースがなかったら、ベランダでぜひお試しください。

和の小物で季節を演出しましょう

玄関にはなにも置かない、置くのは季節のものを一点、が理想。ただ、この季節を感じさせるものには、いろいろなバリエーションがあると思います。そして、なにを選ぶかは、あなたの好みや感性次第です。

たとえば、置物やオブジェ。三月なら小さな雛人形、夏ならガラス細工や涼やかな模様が描かれた皿、秋なら焼き締めの皿にきれいな枯れ葉のとりどりをのせて、冬なら正月飾りなど。もちろん季節の生花《いけばな》なら間違いはありません。

また、季節の行事や風物詩、草花の写真やカードなども、その季節ならではのイメージをかき立ててくれ、しかも場所をとらない季節飾りです。今、デジカメを使って自分で簡単に写真が作れる時代ですから、この際オリジナル作品に挑戦するのもいいでしょう。

生花は枯れれば捨てられる運命ですが、美しいうちに写真として残せば、いつでもその美しさが再生できます。

さらに写真を飾る額も、お決まりの額でなく、夏ならすだれや竹ざるに、寒い季節なら温かみを感じる布に留めて、と季節で選び分ければよりしっくり感じます。こういう工夫は、ひとつやってみると『ここもこういうふうに、あちらも……』と、どんどん広がっていくものです。

さらに、究極の季節感として、香りがあげられるのではないでしょうか。

香りは目に見えるものではありませんし、ひとりひとり好みが分かれるなかなか難しいものですが、それだけに季節と調和がとれた香りの演出ができれば、本当のしつらい上手といえるでしょう。

暑い季節にぴったりのさわやかな香り、寒い外気を忘れさせてくれるようなほんわりと甘い香りなどは、奥ゆかしさを感じる、まさに和の文化です。

老舗《しにせ》旅館の磨き抜かれた木造廊下に漂うほのかなお香《こう》。そういう和ならではの歓迎の心遣いに出会うと、心に沁《し》み入るものを感じます。が、香りはすっきり片づいた場にこそふさわしい、ということをお忘れなく。

玄関に必要になってくるのが、サンダルなどのちょっと履くものです。こういうものにまで季節感に心を配ることができたら、きっと素敵な暮らしができるでしょう。夏に、暑苦しい暖色系のタータンチェック柄、逆に真冬に涼しげな水玉模様では、やはり裏庭用ならいざ知らず、玄関にはふさわしくありません。

シンプルな、もののない場所では、そこにある数少ないものに視線が集中しますから、やはり違和感のあるものは避けたいものです。ちなみに私は、和風の家に合わせてい草製の草履《ぞうり》を使っています。

傘立てに唐津の壺を使っています

玄関になくてならないのが、傘立てと靴箱。

わが家では傘立てに唐津《からつ》の壺を使っています。唐津や備前《びぜん》、信楽《しがらき》などの壺は、和風の家はもちろん、コンクリートや白壁の洋風の家にも映えるものです。ただいえるのは、備前や唐津など存在感のあるものこそスッキリした玄関に似合うものであって、ものがあふれている玄関ではその魅力は発揮できないということです。

靴箱は、引き戸になっているものが使いやすいと思います。なんによらず収納具は引き戸が便利、と私は考え、わが家の収納具には引き戸を多く使っています。引き戸は、ドアのように戸を開いたときのスペースが必要ではありませんし、狭い場所でも容易に中のものが取り出せます。

収納具の中も、たとえば靴箱なら靴の手入れ道具など小物類はまとめて箱に入れ、サッと取り出せるようにすると便利です。小物類は、バラバラにしておくといざというときに限ってなかなかみつからないものですから。

玄関に限らず、清潔感やすっきり感と同じように気を配りたいのが臭《にお》いです。とくに玄関は、靴の臭いがこもりやすい場所です。市販の脱臭剤や香料もいろいろありますが、その香りが必ずしも好みに合うとは限りませんし、容器がプラスチック製ではゴミにもなります。

そこでおすすめしたい、ゴミにならない無臭の脱臭剤は炭です。靴箱の各段に小片を置く、とくに臭いがきつい靴には中に入れる、というように使います。炭は、ときどき陽《ひ》に当ててやると脱臭力を取り戻しますし、いよいよというときには燃料として本来の使い方ができます。もちろん、火をつけても嫌な臭いはしません。

私は、炭の小片を端切《はぎ》れで作った簡単な袋に入れて使っていますが、この炭袋はちょっとしたプレゼントにもおすすめです。自分が使ってみていいと思ったもの、これこそ本当に心のこもった贈りものだと思います。しかも、手作りですし。

また、私はお香も焚《た》きます。

お客様のみえる直前、まずドアを開いてこもった臭いを追い出し、臭いが感じられなくなったところで焚くのです。香りによっては、前の不快な臭いと混ざってかえっておかしな臭いになってしまうことがありますから。

どんなお香がいいかわからない場合は、スッキリ系の木や草の香りがおすすめです。

布遊びでソファとクッションに和のテイストを

私は、懐石料理やお茶をさせていただいていることもあってほとんど着物で正座の生活ですから、実はソファが苦手です。ソファは、体の重心が偏《かたよ》るとグズグズになり、深くかけると着物が着崩れてしまいます。ですから、よそ様でソファに座るときは、浅くかけて背筋を伸ばすようにしています。これは、着物ほどではなくても洋服でもいえることです。洋服は、立って整えればよろしいでしょうが、深くかけているとやはりしわが気になります。

もともと洋家具であるソファを和風にしつらえたい、とお考えなら、和の布を合わせることをおすすめします。手芸がお得意な方なら和の布を使って手作りしたソファカバーを、お得意でない方は部屋全体の色とバランスがとれる木綿布をそのままお使いになっても、まったく雰囲気が変わるでしょう。

さらに、それに合わせたクッションカバーをそろえるとより効果的です。ソファカバーとクッションカバーで白と藍《あい》、茶系の濃淡というような組み合わせもシックで素敵ですし、その組み合わせやバランスを考えるのも楽しいものです。

テーブルは、やはりシンプルな木製が最適ですが、ガラスのテーブルも結構和の雰囲気に似合うものです。そこに、和の布で作ったテーブルマット、染付《そめつけ》の皿を灰皿に、杯洗《はいせん》をボンボン入れや花瓶にというような小物使いの工夫をすれば、手軽に和のしつらいになります。

また、わが家では、懐石料理を畳に座ってお膳で召し上がっていただく一宮庵茶寮《いっくあんさりょう》を始めましたので、埃《ほこり》っぽくなるカーペットは敷いていません。

お座敷でお膳でというと、テーブルと違って食卓が低い位置にあります。ですから、埃の立つものは一切置かないようにしています。着物でお給仕しているのも、スカートは立居振舞のたびに風が起こって埃を立てるからで、着物はそういう心配がないという理由もあるのです。

聞くところによりますと、畳にカーペットを敷くとダニの心配もあるそうです。もちろん、保温性という点から考えるとカーペットには長所もありますし、ホットカーペットは冬にうれしいものです。とくにフローリングの床では、どうしてもカーペットがほしくなるでしょう。

既成のカーペットを和風にしつらえるのは難しいものですが、今はウールや化繊一辺倒ではなく、デパートをのぞいてみますと、麻製、竹製など保温という点では劣るかもしれませんが、和のしつらいによく似合いそうなものも売り出されています。

どんな素材を選ぶにしろ、特徴のある色柄ものより渋い色味の無地を選ぶと、いろいろな雰囲気の部屋作りにも合わせやすいのではないでしょうか。

また、色柄が限定されるホットカーペットは、和風のカバーを手作りするという手もあります。おばあ様やお母様の古い木綿の着物や布団布があれば、リフォームで、どこにもないなつかしさと落ち着きを感じる一点物ができあがるはずです。

わが家はカーテンではなく和紙ブラインドです

わが家にはカーテンは一切ありません。カーテンの代わりをするのは、障子《しょうじ》かブラインドです。そして、ブラインドはもっぱら和紙製を愛用しています。

その使い方は、本来のカーテンの用途というより、間仕切り、収納家具の戸の代わりです。

かつては戸がついていたダイニングの収納家具も、今では全部戸を取ってしまってブラインドが下がっていますが、紙製のブラインドは木製の戸より圧迫感を感じさせません。その効果は、カーテンや襖代《ふすまが》わりに使っても同じではないでしょうか。

また、急なお客様のとき、サッと下ろして楽屋裏が隠せ、必要な高さまで上げれば用がすむという見た目のよさも助かります。とくに、ブラインドをカーテン同様に使う場所としておすすめなのが、西日が差し込む窓です。西日を避けるためにカーテンを閉めては室内が暗くなりますし、『日差しは避けたいけれど風は入れたい』というときに、ブラインドはとても便利ですから。

ブラインドと同じような感覚で使えるロールスクリーンも、最近は和紙だけでなく、木の薄板、和の味わいをもつ布製などがあって、売り場を覗《のぞ》いてみるとそのバリエーションの多様さに驚かれるでしょう。

カーテンは、極端な例として、きれいな花柄などはつけたときは心浮き立つ思いでしょうが、飽きがくるのも早く、色、柄、布の種類によって季節ごとに変える必要もあります。その点、和紙は飽きませんし、季節ごとに変える必要もない便利で経済的なものです。

が、「やはりカーテンを使いたい場所もあるわ」という方には、和風の色柄のカーテンを選択肢に加えられることをおすすめします。和風のカーテンは、色柄も比較的季節を選ばないものが多いようです。


障子といえば、襖同様、和のしつらいの典型的なものですが、現代の家、とくにマンションには少なくなっています。とはいえ、障子の魅力は大したものだと思います。紙の保温性も案外高いものですし、障子越しに入ってくるやわらかな光には安らぎを感じます。

障子はない、というマンションでも、衝立《ついたて》を使って和紙の魅力を取り入れることができます。最近、障子風のもの、薄板を組み合わせたもの、竹を編んだものなど、そこに置くだけで和の雰囲気をアピールしてくれる衝立、スクリーンが発売されています。

さらに、オリジナリティがほしいという人なら、のみの市などで障子戸を求め、窓辺に置いたり、衝立にして楽しむのもいいでしょう。二枚合わせて蝶番《ちょうつがい》で留め、屏風《びょうぶ》のように使っている方もいるようです。こういう工夫も、洋風の暮らしの中に和を取り入れるテクニックとしてはおすすめです。

障子紙も、全面同じものという固定観念を捨て、部分的に色和紙や草花を漉《す》き込んだ和紙を使ったりと、いろいろ遊んでみると、よりあなたらしいしつらいができるのではないでしょうか。

ただ、障子やブラインドはお掃除が大変、というイメージがあります。これは、埃を溜《た》めるからです。そこで、昔ながらの掃除道具、ハタキを使うことを提案します。一日一回ハタキを使えば、埃は溜まりません。

ハタキを買う必要もありません。古い薄衣《うすぎぬ》があればそれを、なければ梱包用のカラフルな紙テープを細く裂《さ》いて束にし、棒にきつく巻きつければできあがりです。

昔は、現代のように便利グッズがそろってはいませんでした。だからこそ、工夫に工夫を重ねて淘汰《とうた》され、優れた道具が残ったのです。これを、今の時代も使わない手はありません。

やさしい光の和の照明で和みます

照明は、光がやわらかい間接照明やスタンドを私はよく使います。

スタンドの笠も、和紙を使ったものを選ぶと和の雰囲気が生まれます。和紙を通した和の光は本当に心休まり、いくらすばらしい人工照明が発達した現代社会とはいえ、捨てがたいもののひとつです。

照明具の店に行くと和紙製のスタンドが売られていますが、一方で日曜雑貨DIYの店には、和紙シェードなどの部品が各種あります。そういうものを利用して手持ちのスタンドを和風に変身させるのもいいでしょうし、自分でシェードを好みの和紙や麻布と張り替えるのもいいでしょう。器用な方なら、骨董店やのみの市で行灯《あんどん》を求めて、電球をセットすることもできると思います。

海岸で拾い集めた枯れ木と和紙でオリジナルスタンドを作っている、という方をテレビで拝見したこともありますが、「枯れ木も和の雰囲気を出してくれる素材」と感じました。いい接着剤がいろいろ売り出されていますから、案外手軽に手作りにも挑戦できるのでしょう。

好みのものを、こだわりをもって市販品の中から探し求めるのもよろしいと思いますが、アイディアとセンスでオリジナルなものを作り出せたら最高だと思います。

灯《あか》りについていえば、こと料理という点では、蛍光灯は色を悪く見せるようです。料理の色が悪いということは、まずそうということですから、これはいけません。鮪《まぐろ》などくすんだ色に見えるのです。まずいだけではなく、新鮮ではないように見えるとしたら、私のような食べもの屋としてはその先入観だけで落第点です。

料理には料理のための特殊なライトはありますが、家庭ではそこまで考えなくとも、食卓では蛍光灯でないものをお使いになるほうがよろしいでしょう。食卓以外でも、蛍光灯は冷たい光に感じます。ですから私は電球愛好派です。

ダイニングでは小物を生かして和の空間作り

食卓を中心としたダイニングは、キッチンと同居している家庭が多いのではないでしょうか。そして、最初から洋風に造られたダイニング、座敷に座卓という家庭より、フローリングにテーブルという家庭が、今の日本の主流でしょう。

このスタイルをすっかり和のしつらいに変えるのは難事業です。そうする必要もないと思います。むしろ、小物を使って和の雰囲気を演出するほうが、現代の暮らし方に適《かな》っていますし、賢いやり方といえるでしょう。

和のしつらいのポイントは、第一に他のしつらい同様できるだけすっきりさせること。第二に主張の強い家具は選ばないこと。

個性の強い家具より、どんなスタイルにも対応できるシンプルなデザインの家具を選ぶことをおすすめします。とくにダイニングテーブルは家庭の要《かなめ》となる家具ですから、こだわっていただきたいと思います。素材、形、高さなどに主張をもって、妥協せずに選んでほしいのです。

そして、この要の家具に合わせて他の家具も選んでいく。そうすれば、統一感のあるしつらえができます。

テーブル上も、テーブルクロス、テーブルセンター、ランチョンマットやコースターなどの布製品、陶磁器の花瓶などを和風のものでそろえる。これで十分、和の雰囲気が出せるはずです。

小物の既成品は、民芸品店をはじめどこでも出会うことができます。

昔から愛されている日本の布、藍染木綿などを求めれば、いろいろな小物が自分の手で作り出せ、その作品は愛着ひとしおのものになると思います。ランチョンマットなど、両端をかがるだけでできあがるのですから。

お茶の知恵の中で、秋の名残りに器の欠けやひびを手入れして大切なものを慈《いつく》しむ習慣があります。伊万里《いまり》などの骨董品を食器に求める人が増えていますが、もっと気軽に、ちょっとした欠けやひびがある古い陶磁器を灰皿や花器などの小道具に使うという手もあります。

少々疵《きず》があっても、やはり骨董品には時間を経過したものだけがもつ魅力がありますから、和の素晴らしさがより深く感じられるのではないでしょうか。

季節によってしつらいを変えてみませんか

京都には夏座敷というものがあって、夏になるとそれまで襖や障子だったところをすべてよしず張りやすだれに替えたり、ウールのカーペットをい草や竹のカーペットに替えたり、と見るからに涼しげなインテリアの演出をします。このセンスが昔から続けられてきた歴史あるものだと考えると、日本の伝統的な感性の素晴らしさに本当に感心させられます。

わが家でも夏はすだれの夏座敷に変えますが、たとえマンションでもこのエッセンスは取り入れられると思います。戸をはずしたり、ドアを全開にして布を下げるのです。紗《しゃ》や目の粗い麻なら透けて見える分、広がりが感じられますし、風も通ります。布が揺れることで風が見えるという、清涼感を生む効果もあるでしょう。色で涼しさを感じさせる藍染もおすすめです。

冬は、室内の小物で季節感を出しましょう。クッションカバーなどの布類を、紬《つむぎ》風の茶系やオレンジ系の暖色に変えるだけでも、ずいぶん暖かい雰囲気が生まれるでしょう。

部屋を飾る花も、寒い季節には温かみのある赤やピンク系、春は芽吹きを感じる黄色やピンク、暑い季節はいっそ花はなしで葉ものだけのグリーン一色を竹籠《たけかご》に盛ってもいいものです。花を入れるなら、白かブルー系でしょう。洋風のインテリアでも、カーテンやクッションカバーを冬用、夏用に変えると、それだけで体感温度まで違ってくるような気がしますが、それと同じことです。

トイレには小花を一本、徳利に挿して

水回りの洗面所、トイレは、湿気が気になる場所ですし、それだけに掃除を丁寧に心がけたい場所です。外出先でもトイレが汚いと、不快感を覚えませんか？

トイレのお掃除用具は便利なものがいろいろと市販されていて、うまく使えば手間をかけずに清潔なトイレが保てます。

広々としたトイレなら、和の飾り物も結構ですが、狭いトイレならむしろ飾りものは控えたほうがお掃除は簡単です。まめにお掃除ができないなら、トイレに限らず飾りは控えめに。

避けていただきたいのは、玄関やリビング用に買った花が余ったからトイレにも、という感覚。玄関とトイレが同じ花というのは、家人が非常に大雑把《おおざっぱ》だという印象を与えます。和の美徳である繊細な気配りに欠けるということでしょう。

『トイレにも花を飾りましょう』というくらいの気持ちがあるなら、玄関やリビングとは異なる花を一本、不要になった徳利などを一輪挿しにして飾ってはいかがですか。

洗面所も、石鹼や歯ブラシ、歯磨き、整髪剤などいろいろなものがあふれがちな場所です。棚があるなら、必要なものだけ収納できる範囲でそろえるよう心がけたり、トレイやバスケットを用意してひとまとめにしたり、とお掃除がしやすい状態にするのが先決です。

そして、汚れに気がついたときにすぐ片づけてしまいましょう。抜け毛、水はねなども、『なんとなく汚れている』という印象を生み出すものです。

私が必ず洗面所に用意しているものは、いつお客様が泊まられることになってもいいように、お客様用の歯ブラシです。内緒ですが、私は旅先でホテルに泊まるとき、歯ブラシセットを持ち帰り、これに活用しています。

和の布の魅力を引き出す寝室のしつらい

私はベッド派です。ベッドを使うと、毎日出し入れをしなければならない布団の生活には戻れません。もちろん、布団は上げて押入れに入れてしまえば、寝室以外の目的に部屋が使えるのでとても重宝なのですが。

ベッドでも、ベッドカバーに和風のものを使えば十分、和風の雰囲気が出せます。たとえば刺し子、和の布のパッチワークです。欲をいえば、枕カバーや掛け布団を入れる布団ケースなども和の布を使うといいでしょう。

さらに枕元のサイドテーブルに和の布のテーブルマットを敷いたり、和紙のスタンドを置けば和のテイスト十分です。テーブルマットは、わざわざ専用のものを用意しなくても、ランチョンマットで代用してもいいと思います。壁に和の布のタペストリーをかける、箪笥《たんす》に和の布をかける、というのも簡単にできる演出法です。

ワンルームマンションにお住まいの方なら、ベッドとリビングスペースの境に、天井から大判の和の布を一枚垂らしてみてはいかがでしょう。リビングとベッドルームの境界線を布で作ることで、和の雰囲気を出しつつ、ベッドがまる見えの状態より、豊かさを感じる空間が生まれます。しかも布は、圧迫感を与えない軽やかな素材ですから、狭い部屋にもおすすめです。

ゆったりとお茶を楽しむ癒しの場

和のしつらいの基本は引き算、そして季節感だけプラスする、これが私の考え方です。ソファやテーブル、先祖から引きついだ骨董品や家族の写真などを所狭しと飾る欧米のインテリアと違い、和室はなにも置かない状態が究極です。

なにもない和室は、自在に空間が使えるよさがあります。昼は居間や客間になり、夜は寝室になる応用力が、和室の魅力です。その魅力を台なしにするようでは、和室の意味がありません。

もっとも、なにも置かない、といっても、現実にはなかなか難しいでしょう。ただ、部屋のあちこちにバラバラにものが置いてあるよりは、ひと隅にまとめて置くほうがすっきりと見えます。和室に限らず、見せる目的を兼ねない収納家具は、できるだけお客様の目に触れない寝室などに置くようにするといいでしょう。

私からの提案をひとつ。将来、新築、改装の計画があって和室を造る予定がおありなら、思い切って炉《ろ》を切ってみませんか。炉といいますと本格的な茶道を思われるでしょうが、現代版囲炉《いろ》裏《り》と思ってくださればいいのです。これをあとから造ろうと思うと大変で、費用も馬鹿になりません。

炉にお湯が沸いている景色は心落ち着くものですし、必要がないときは畳や板で蓋《ふた》ができます。

寒い季節には風流な気分で鍋料理も楽しめます。それになにより、難しいことなど考えず、作法にもこだわらず、自己流で結構ですからお茶を点《た》てて一服する時間は、ストレスを抱えた現代人の手軽な癒しの時間になってくれると思います。

炉は、土と木を使い、釜には金を、それに湯を沸かすときに火と水を使います。さらに灯りが生み出す陰と陽、つまり太陽と月があって、日月火水木金土、大自然がある、さらに広げていけば宇宙があるといわれています。難しいことはわからなくても、火のそばでゆっくりとお茶を飲むとき、人はなぜか気持ちが和み、リフレッシュできると感じるのは、知らず知らず宇宙を感じているためかもしれません。これが「癒し」ということなのではないでしょうか。

新築も改装もまったく計画がない、という方でも、火鉢で炉の至福を取り入れることはできます。火鉢は、古道具屋や週末に神社などで開かれる骨董市で入手できますが、新しいものより、使い込んだもののほうが味があり、安価で入手できるので探してみる価値はありそうです。しかも、火を焚きたくないときは、ガラスの蓋をすればテーブルに早変わりします。

ペットボトルのお茶では得られないものが、鉄瓶で湯を沸かしてお茶をいれることから得られるはずです。

洋風マンションに和の情緒を取り入れる

洋風建築のマンション住まいとはいっても、暮らしているのは日本人なのですから、和風のしつらいを取り入れることは難しくないはずです。百パーセント洋風の暮らし方より、ポイント的にでも和風を取り入れた暮らし方に、しっくりとくるものがあるはずです。つまり、安らげる、落ち着けるということです。

現代の家は、マンション、一戸建てを問わず、日本間より圧倒的に洋間が多く、全室フローリングという住まいもかなりの数に上ると思われます。そんなフローリングの部屋に、簡単に畳を取り入れることができるのも、また現代ならではのことでしょう。

私は最近、健康のためにも長時間の正座をやめて、「置き畳」を考案して便利に使っています。フローリングの居間や畳の部屋に置いても違和感はなく、冬は日当たりのいい場所、夏は風通しのいい場所、と簡単に置き場を変えることもできます。こんなものを利用して、洋室の一隅に和室を再現するのも面白いのではないでしょうか。

居間の観葉植物を竹にする、キッチンの間仕切りに藍染ののれんをかけてみる、花はフラワーアレンジメント風ではなく生花にするなど、ポイントを和風にしていけば和のしつらいが整ってきます。

完璧な和風建築の家はもうほとんど見られませんし、和風建築でなければ和のしつらいはできないというわけではありません。洋風の空間にできる範囲で和を取り入れる工夫こそが、暮らしの知恵です。

和のしつらいを楽しみたいと思われたら、ショッピングに行く前に、まずお母様やおばあ様の所蔵品を拝借したり、譲り受けられてはいかがでしょう。たとえば箪笥に眠っている古い着物、食器棚や押入れにしまってある器などの道具類。最高の和の素材がみつかるかもしれません。

今見てもモダンだったり、新しいものにはないクラシックさが身上の昔の着物は、クッションカバーやナプキン、テーブルマットなどに生まれ変わります。手作りが苦手な方なら、壁にタペストリーのように飾るだけでもいいでしょう。あなた自身の子ども時代の着物も、使い道はいろいろあるはずです。器類は、状態がよければもちろんそのまま使えますし、傷みがあるものは捨ててしまうのではなく、花器や灰皿、小物入れなどとして復活させてみてください。

今、和のぬくもりや落ち着きのあるたたずまいに惹《ひ》かれる人が多いようで、和の味わいをもつ道具を扱う店が増えています。旅に出かけたときには、ぜひその土地ならではの焼物、漆器、布類、木工品など伝統工芸品を探してみてください。

伝統工芸品は、長い年月、その土地の人々が使い伝えた勝手のよさがあるはずです。私たちの国で生まれ、その風土や暮らし方に合うからこそ残ってきた和の道具は、使い心地とともに使い手の気持ちも和やかにするなにかがあるはずです。

第二章

家事に生かす和の工夫

三か条

一、家事は小分けにして気楽に
一、やるべき場所は見えないところまで
一、わかりやすい収納を心がける

◉昔ながらの掃除法と新しい道具の組み合わせ

今、本当に便利な掃除道具がいろいろ出ています。場所別、目的別に、もう使い切れないくらい。でも、すべて使い分けなくても、重複して使えるものもあります。

新しい道具、昔からの道具、それらを自分の住まい、ライフスタイルに合わせて使い分けることが生活の知恵でしょう。日本には、日本の住まいに合った、日本ならではの知恵が生きている掃除法がありました。

たとえば、和室が多い私の家では、掃除機と雑巾《ぞうきん》を使っています。和室は、足袋《たび》が汚れるような掃除をしていては恥なのです。それには、掃除機をかけて埃を取り、さらにきつく絞った雑巾で拭き上げて、畳目の中に潜《ひそ》んでいる土埃まできれいにしなくてはなりません。雑巾は、布巾《ふきん》のお下がりを使っています。なまじ縫ってしまうと、縫い目がゴワゴワしますし、干すときにも長いままが乾きやすいので手を加えずに使っています。

さらに、畳は茶殻や濡らした新聞をちぎったものを撒《ま》いて、箒《ほうき》で掃く方法もあります。茶殻や新聞紙に湿気があるので埃をくっつけてくれるのです。埃も立ちませんし、捨てがたい方法です。

木の部分は、糠《ぬか》を袋に入れた糠袋で拭いていました。糠には、自然な艶《つや》と木目《きめ》を出し、木地の汚れを自然に浮き上がらせる作用があります。木のお手入れに糠は最高です。ワックスでは、木目をふさいでしまうのです。今どき、木の床や階段などを糠袋で磨くのは老舗旅館くらいでしょうか。大事に思われるなら一番の方法、昔の知恵です。

床は無理でも、大切な木製の道具なら、糠でお手入れしてみてはいかがでしょう。木綿の布で簡単な袋を作って、ただし、細かな糠が出てこないように縫い目は細かく、そこへ糠を入れて口を縛れば糠袋の完成です。

結構めんどうなのがガラス窓。ガラス磨きに一番いいのは、雨上がりの直後です。ガラスについた汚れが水分で取れやすくなっていますから、掃除も晴天の続いているときよりずっと楽。洗剤を使わなくても、濡れ雑巾で汚れを落とし、新聞紙で磨き上げればピカピカになります。新聞紙のインクが汚れを吸収してくれるのです。新聞紙も、便利な洗剤や道具が登場してあまり使われなくなったもののひとつです。

昔ながらの掃除法を、時代に合わない、現代の住まいに合わない、古い、ということで忘れてしまうのはあまりにも惜しいと思いませんか。日常的には使わなくても、いつか覚えておくと役に立つ日があるはずです。

家をきれいに保つルール作り

世の中には、料理嫌い、洗濯嫌い、掃除嫌いという人がいて当然ですし、中でも掃除、整理整頓嫌いという人は七割ほどもいるそうです。が、一方で、掃除や洗濯などは、自分の暮らしをより快適にすることですから、義務としてやっても結果には必ず喜びが伴ってくるはずです。

掃除嫌いの理由のひとつに、「ここまででいい」という限度がない、つまり際限がなく、細かくめんどうな作業が続く、ということがあります。掃除ひとつでも、やり始めたら目についたところを次から次に、では一日中やっても終わりはないでしょう。たとえば、全体をひととおりやったうえで、月曜日はリビング、火曜日は台所、水曜日はトイレと洗面所というように曜日ごとに場所を決めて、そこだけはきちんとやる、つまり「小分けにする」のです。

さらに、きちんとやる場所は「見えない部分までやる」ということ。「ソファの下、棚の下は見えないから、ちょっと手を抜いてしまいましょう」では、たとえ見えなくても、なんとはなしの埃っぽさ、不潔さは「感じる」ものです。そして、いつの間にかそこは、簡単には落とせない汚れとなるのです。

掃除機や化学雑巾といった便利道具を活用しつつ、細かな部分のお手入れに便利な、昔ながらの手箒や雑巾などを組み合わせて、効率的な掃除術を工夫してはいかがでしょう。

すっきり感のある家には、必要のないものは目につく場所に出ていない、ということがあります。つまり収納の仕方です。昔の家には「納戸」、今でいうウォークインクローゼットに当たる部屋があったものですが、現代のしかもマンションなどでは収納専用のスペースを確保することは難しいでしょう。でも、納戸の知恵を生かした日常的にできる収納のコツはいくつかあります。

◆収納スペースはできるだけまとめ、そこにはデッドスペースを作らない
◆関連したものはひと箱にまとめる
◆同じようなものを買い足さないよう、在庫を頭の中に入れておく
◆数年使わないものは処分を考える
◆使ったものは速《すみ》やかにあるべき場所に戻す

これらを実行すればすっきりした家作りができるでしょう。そのためには、家族で使うものは全員が収納場所を知っておく必要があります。ですから、「わかりやすい収納」も大切です。

家をきれいに保つコツのおまけは、人を招くこと。人を招くのに汚しっ放し、散らかりっ放しで平気、という人は論外ですが、普通は『普段より少しでもきれいに見えるように』と心がけるものです。ですから、二〜三ヵ月に一度は人をお招きする、というような自分のルールを作っておけば、お招きというゴールに向かって整理整頓を心がけるはずです。

掃除道具を賢く使い分ける

掃除機は、便利な道具です。しかも、日々進歩しています。

広々としてなにも置いてない部屋ならスムーズに効率よく掃除できますが、狭く、いろいろなものがあちこちに置いてある部屋では、すぐに物にぶつかったり、方向転換しなくてはならなかったりと、かえって手間も時間もかかってしまうことがあります。

「うちは狭いので、小さな箒で掃き出して、フローリングの床は雑巾がけしています」という方がいらっしゃいましたが、毎日掃除機を持ち出すのが大変なら、そういう方法をとるのも、その家に合った方法といえるでしょう。

また、「掃除は埃が気になったとき、たまに」という人は、便利な化学雑巾を使っても、掃除は日課にしたほうが、最終的にはラクなはずです。

トイレの掃除に、私は目に入るだけで楽しくなるかわいい花柄のタオルを選んで使っています。トイレだからどうでもいいではなく、トイレだからこそ少しでもいい気分でお掃除したいのです。濡れナプキン式の市販の道具も便利ですが、私には紙はどうも頼りなく思えますから。

バスルームは、いつも私が終《しま》い湯ですから、上がるときに洗っておきます。片づけや掃除は、なんでも、やり終わったあと、使ったあとに、すぐすませておけば汚れは溜まりませんし、簡単にすむのです。それを『あとで』とか『まとめて』と思うから、汚れも溜まって落としにくくなり、いやになってしまうのです。

バスルームは、目地などのカビも気になります。気になったら、すぐにカビ専用の洗剤で落とすことです。

頑固なカビなら、カビ用洗剤を吹き付けて時間をおき、使い終わった歯ブラシでこすってみてください。一度で落ちなければ、少し時間をおいて繰り返してみる、そうすると見違えるほどきれいになります。

いったん自分の手できれいにしたバスルームを見れば、『この状態をいつまでも』と思われるはずです。

トイレにしろバスルームにしろ素肌をさらす場所は、服を着たまま使う場所より、もっと清潔感が気にかかります。こんな場所こそ、家中で一番きれいに保ちたいものです。

つらい家事を克服した私の逆転発想

私は一九歳でお嫁に来て、三世代四所帯の大家族とともに生活をしていました。ですから、家事も半端《はんぱ》ではなかったのです。しかも姑《しゅうとめ》が超のつくほどのきれい好きで、朝起きたらまず家中で掃除をするという方針でしたから、四時半に起きて七時の朝食まで一家中で掃除でした。大家族ですから、家も広く掃除機をかけるのに二時間はかかります。

結婚当初は料理、洗濯、掃除と何から何まで三〇年鍛え上げたお手伝いさんに師事しながらの毎日の中で、後片づけは私の役目でした。

そこで、長くつらい家事を楽しくするために私は考えたのです。それは、ながら掃除、ながら片づけ。掃除機をかけながら英会話のテープを聞き、頭にはカーラーを巻いている、皿洗いをやりながらやはりテープを聞く。昔はウォークマンのようなものはなく、大きなテープレコーダーを肩から下げて結構大変でしたが、充実感がありました。

淡々と指先だけを動かす、という単純作業も、ときにはとりとめもなくさまざまなことを考える時間として必要ですが、毎日何度もとなると空《むな》しくなってしまいます。それで、専業主婦の方が『このままの私じゃ、いや』『社会に出たい』という思いにかられるのでしょう。

そこで、家事をやりながら、現代だからこその便利な道具を使ってプラスなにか他のことをやる、それも、できれば自分を高めてくれるようなことを。そうすれば『やってるぞ』という充実感があり、達成感も生まれるのです。

おまけに、一九歳で花嫁となった私は『大学へ行くべきだった』という思いの反動から通信教育マニアになり、女子栄養大学通信教育科、料理、保母、書道、レタリングなどに片っ端から挑戦しては、壁に修了証書を並べて喜んでいました。

息子が幼かった頃は書道に夢中でしたが、遊ばせながら書道を、となると大変です。そこで、ひとつ部屋で私が狭い子ども用のサークルの中で書き、息子を解放するという方法をとりました。私の目の片隅には常に息子の姿が入っていて安心ですし、息子は息子で広い場所でのびのびとご機嫌で遊んでいます。

もし息子にかかりっきりだったら、子育ての間は自分がなにもないようで空しくなり、子どもが疎《うと》ましいとさえ思うようになったかもしれません。一生懸命考えれば、自分も息子も満足できる方法を思いつくものです。定石通りではなく逆転の発想も、ときには母と子を救ってくれるのです。

同じように、空しく思える単純作業のような家事も、逆転の発想をすることで楽しいもの、充実感のあるものになるはずです。

私の料理教室でも、小さなお子さん連れの生徒さんがいらっしゃって、近くで遊ばせながら料理をしますが、「みなさんに気兼ねをしながらいなさいね」「泣き出すと本人も可哀想。そのときろくに休めなかったりする人も多いでしょう。だから、実家のおばあちゃんが「その間、子どもは抱っこやおんぶをしなさい」といいます。私の経験からですが、一時的にでも、子育て以外のところに目を向ける時間がどれほど自分を取り戻すゆとりとなるかわかっていますから、そういう環境を作ってあげたいのです。

勉強や仕事をバリバリやっていた人たちが、結婚や子育てが始まると急に普通のおばさんになってしまう、そのギャップが大きくて、ストレスが溜まってしまうのです。月に数回でもホッとできる時間があれば励みになります。その代わり『それをやらせてくださるご主人や周りの人に感謝なさい、そしてまた明日から元気になって』と思うのです。

「うちの主人はだめ」ではなく、「月に一回、二〜三時間だけ私に時間をください」と、誠心誠意お願いするのもいいでしょう。そして、映画や美術展やなにかの教室にお出かけになるのも。それで、元気な妻、お母さんが取り戻せるのなら、ご主人も協力してくださるはずです。

ながらが得意な私は、お風呂をバブルバスにしたときには、ゆったり一時間も入っているのが快適で、それでもだんだんなにもしないで一時間費やすのが空しくなって、ついに読書を始めました。

とにかく、一時間くらいあまり頭を使わずにすむ作業をやるときは、『じゃあ、なにかいっしょにやれるものはないかしら？』と考えています。

大掃除は気候のよい時期にやるのも一案

外国に大掃除という習慣があるのかどうかわかりませんが、日本では大掃除は師走《しわす》と決まっています。一年の締めくくりとお正月の準備で大忙しの時期、寒くて窓も開けたくない時期、水仕事はご免こうむりたい時期です。

確かに、年の初めは家中きれいにして年神様を迎えるという、昔からの風習にのっとった暮れの大掃除でしょう。が、現代なら、もっと楽しく大掃除ができる時期に変更してもいいのではないでしょうか。

わが家は、お茶の行事が主体の暮らしですから、十一月の「茶人正月」を迎えるために、十月に名残りの茶事に合わせ、大掃除もしてしまいます。十一月に、初夏から夏の間、畳や炉蓋《ろぶた》で蓋をしていた炉を開く、炉開きとその行事がありますが、この時に畳も、障子も、暑い季節には爽やかな印象を与える小道具類も全部取り替えます。そしてお正月前には、最後のチェックをして結び柳と水仙を飾ります。

ある方は「私はゴールデンウィークに大掃除をやります。この時期はどこへ出かけるのも混《こ》んでいて大変ですから。気候がよく、窓も全開できる時期に、パーッと大掃除や部屋の模様替えをやるのも気持ちのいいものです。衣替えの時期でもありますし。休みの前半に大掃除をやって、後半は近くに日帰りウォーキングをしたり、のんびり休んだり、こんな過ごし方も充実感がありますよ」とおっしゃっていました。

確かに、これも一考する価値のある大掃除のあり方でしょう。家族そろってどこかに出かけるのもいいでしょうが、お父さんもお母さんも子どもたちも、力を合わせて大掃除。家族の一体感も生まれるでしょうし、そういう過ごし方もいいと思います。

きれいにしすぎると落ち着かない、という難しさ

私の母が元気だった頃は、とにかく「人は日の出とともに起きて、日が沈むときに休む」という信念をもっていましたから、朝まだ暗いうちには起きて、家族全員でお掃除でした。二階からハタキをかけて、掃除機を動かして、全部拭いて、それはもうきれい好き。男の子だって、玄関掃除などの担当です。母は、片づけ魔なんですね。

そういう母に親しい方がおっしゃった言葉で、今も耳に残っているのは、「玄関に乱れ箱を置いて、そこに腰紐をちょっと結んでさり気なく入れておきなさい」という言葉です。つまり、あまりにきれいぎれいしているのが、玄関を一歩入ってきた瞬間にお客様にわかってしまう、それではお客様のほうが落ち着けない、緊張すらしてしまうというのです。ですから「ちょっと忘れたところもあります」という感じに腰紐を置く。腰紐はあくまでたとえですが、そういうちょっと見せる隙が、かえってお客様をホッとさせるということなのです。

いかにも「いつでも掃除は完璧に行き届いています」というより、整った中にも毎日暮らしている風情が残り香のように漂っている、それが家庭の色だったり、匂いであったり、たたずまいなのではないか、と思います。

いわゆる「いい女」でも、顔立ちも、スタイルも、ファッションセンスも、知性も、性格もよ

く、しかもお金持ちなんて人だったら、男性に限らず、同性でも近づきがたい、取りつく島もないという印象になるでしょう。どこかちょっと抜けたような部分があれば、逆に「かわいい」と感じてグッと魅力が増すような。しつらいだって、それと同じことなのです。

私がアメリカ流の片づけ方が好きな理由は、暮らしの風情が感じられる片づけ方だからではないかしら、と思います。

結婚してアメリカへ永住し、二人のお子さんのママになられた方の家庭を訪問したとき、とてもきれいに片づいているので「子育て中なのによくこんなにできるわね」と褒《ほ》めたところ、「先生、ちょっと来て」と、納戸のような小部屋のドアを開けて見せてくださったのです。そこには、いろんなものがいっぱい突っ込んであるって感じで、とにかくお客様がみえる前にみんな入れてしまうというのです。

確かに、お客様の目にするところはきれいに片づいているけれど、ついさっきまで子どもがおもちゃで遊んでいた名残りや、ママが家事をやっていた名残りがあって、生活感が感じられます。そういうやり方も『生活の知恵だな、とくに子どもに手がかかる時期は』と思いました。

「うちでは、そんな納戸のようなスペースは確保できないわ」という声も聞こえそうですが、大きめの箱でいいのです。お客様の目につくと見苦しいものは、ポンポンと箱の中に放り込んで、子ども部屋でも寝室でもお客様をお通しししない部屋に隠す。ひとまとめにしておけば『あれはどこへ行ったかしら?』と片づけたものが行方不明になる心配もありません。

これはここ、あれはあっち、と中途半端に片づけてしまうから行方不明になるのです。『もうすぐお客様がいらっしゃる』と焦っているときほど、上《うわ》の空でひとつひとつの所在を覚えていられないものですし。

掃除、整理整頓は手抜かりなく、しかも生活感が漂っている。そんな暮らしが毎日できたら確かに素晴らしいことですが、そういうわけにもいかないのが実情。とりあえずすっきり見せたい必要がある場合は、片づけ箱の利用など、暮らしの知恵をいただいて上手に乗り切りましょう。

ひとまとめ収納なら、便利でわかりやすい

わが家の台所は料理教室の生徒さん方もお使いになるので、誰にもわかりやすい収納でなくてはなりません。同じ種類の道具があっちにもこっちにもというのが一番わかりづらいのです。家族にも、ときには台所の主である主婦にだってわからなくなることがあるでしょう。

ですから、箱や籠《かご》、トレイに同じ種類の道具類や関連のものをひとまとめにし、箱を取り出せば必ずそこにある、というようにしています。

それは、引き出しや棚の中だけでなく、冷蔵庫の中も同じことです。これが、ものの所在を常にはっきりさせ、誰にでもわかるいい方法だと思いますが、出したら元へ戻すという習慣をつけることも必要です。

わが家は仕事柄、器の類も季節ごとのものがあり、これも衣服同様衣替えが必要です。ですから、使わない季節の器は箱に入れて、なにが入っているかを外からわかるように書いて収納しておきます。入れ替えるときは、同じくらいの大きさの器と入れ替えればすんなり納まります。そうでもしなければ、本当に衣替えのたびに大騒動になってしまいます。

食器棚にしろ衣類簞笥にしろ、地震対策という点からは造りつけが理想です。造りつけなら、地震でも扉が開きませんし。今は、転倒防止用のつっかい棒も売っていますが、お客様の目につ

かない場所なら、箪笥と天井までの間を箱などで埋めれば、つっかい棒と同じ役目を果たすそうです。使わない季節のものや特別なときにしか使わないものなどを入れた箱などを積んで、収納すれば一石二鳥です。「収納場所が少ない」という方がいますが、案外、高い位置の隙間を見逃していらっしゃるようです。

たとえお客様の目に触れるところでも、箱に同じ紙を貼って統一感を出せば、壁紙と同じような視覚的効果がありますから、目障りにはならないでしょう。目立つ色紙では、やはり存在感を主張しますので、下にある箪笥やバックにくる壁と似た色のほうが目立たないでしょう。

収納する場所に奥行きがある場合は、やはり箱などを使って奥と手前の遠近法で収納することをおすすめします。奥には日常的に使わないものを入れ、手前には毎日使うようなものを入れます。たとえば、奥にもてなしにしか使わない上等の道具類やおよばれやパーティ用のアクセサリーなど、手前に家族用の食器やハンカチ、靴下類などです。

とくに食器棚は、造りつけにできるなら、お手持ちの食器類の直径を計って、一列で並ぶ食器棚を作るといいでしょう。さらに、棚板の位置を変えられるように可動式にすると便利です。どうしても奥にある食器、とくに下段や上段の奥という目につきにくい位置にある食器は忘れてしまいがちになります。すべての食器が一列に並んでいれば、見やすく、取り出しやすく、しまいやすく、結果的に使い勝手がよくなります。

衣類は昔から悩みの種で、回転式のハンガーを使ってみたりいろいろこころみましたが、家を改築したときに思い切って、衣替えごとに出し入れをしなくてすむよう、すべての衣類が納まる衣装棚を造りつけにしました。着物箪笥は別ですが、洋服や小物を収納する場所は、全部籠式になっています。脱いだものは、シワにならないようにクルクルッと巻いて籠に放り込んでおしまい。私は日によって三、四回着替えをしますが、この方法なら素早く完了。着替えはすべてひとところでやりますし、脱いだものはひとまとめになっていますから、あとで「あれがない」と困ることもありません。衣替えは、これから必要な季節の衣類を入れた籠を、使い勝手のいい位置に置き替えるだけですみます。

ただし、絹の着物は別。着物は折り目で着る、といわれるくらいですから、脱いだらまず風を通すためにハンガーにかけ、きちんとたたんで着物箪笥にしまいます。着物は、上手に手入れをすれば三代でも着られるものですが、三代目まで気持ちよく着るためには、それなりの着るたびごとのお手入れが必要なのです。

年に三、四回、つまり衣替えのときなどに合わせて、持ちものチェックをする習慣をつけるのも、整理整頓上手になるコツです。衣類や小物類、アクセサリーなど、どんなものがあるのか、すっかり忘れてしまっていることがあります。そして、二〜三年まったく使っていないものは思い切って処分するというのも考えたいことです。まずは整理をして、隙間を作り、そこへ箱や籠を利用して収納する、ベストとはいえないかもしれませんが、私はベターな収納法だと思います。

衣服ジワを取る昔ながらの方法

洗濯は、今はもう頭のいい洗濯機がいろいろ登場して、本当に大助かりですが、洗濯したものを乾かすという段になって、とくに働いている女性はなにかと大変なことがあるのではないでしょうか。なんでも乾燥機に、というわけにもいきませんし。

とくに、梅雨時など長雨や湿気の多い乾きの悪い時期。洗濯物を室内に干したまま出かけ、帰ってくるとムッとした空気が充満し、洗濯物にも嫌な臭いがついていたりするときは、エアコンのドライを利用するといいようです。タイマーをかけて数時間、さらに扇風機をプラスして、エアコンに合わせてタイマーをかけておけば、より効果が上がると聞きました。

わが家は幸い湿気より乾燥が気になるくらい乾いていて、洗濯も夜やって干しておけば朝には乾いています。やはり、コンクリートで密閉されたマンションと違い、木や障子、襖などの紙を多く使ってできている純和風の家だから、建物自体に吸湿性があるのではないでしょうか。天井に開けた天窓も予想以上の換気効果を生んでいるようです。

母の時代には、夜洗濯物を干す、夜干しなんてひどく叱られたものですが、これも時代、住宅環境も生活感もすっかり様変わりしたこの頃では、人目を気にした常識より、よく学び、よく遊ぶ、自分にとって幸せ作りをする「工夫」のほうに軍配を上げましょう。

ハンカチなどの小物は、昔ながらの窓ガラスや鏡に貼りつける方法で干しています。これならアイロンの必要がないのです。とくにスワトウなどの刺繍《ししゅう》ものは、刺繍部分がクシュクシュに縮んでアイロンがけもひと苦労ですが、この方法ならなにもしなくて美しい仕上がりです。ぜひお試しください。「その前にガラス磨きをしなくっちゃ」では、ねぇ。

また、アイロンがけがなるべく必要ないように、と心がけて衣類の素材を選んでいます。シャツはノーアイロン素材、私の普段の着物もノーアイロン素材。その代わりにしょっちゅう洗います。綿シャツなどは、干すときにパンパンと叩いて襟や前立てをピッピッと引っ張ってしわを伸ばしておしまい。綿シャツなどのカジュアルウエアは、ピシッとアイロンがかかっていては、粋《いき》じゃありませんし。

洗濯物をたたむときは、もっぱら丸める式です。丸めるほうがたたむよりシワになりにくく、簡単ですし、それを並べてしまえば一目でパッと見渡せます。一枚一枚きちんと折りたたむと手間もかかり、折りジワもつき、何重にも重ねてしまうと一番上のものしか見えませんから探すのにも時間がかかります。

第三章

キッチンに生かす和の工夫

三か条

一、動きやすさを考えた配置
一、入れやすく出しやすい収納
一、収納が簡単で使い回しできる道具

◉日本の台所で生まれてきた道具はピカイチ

狭い台所から次々においしい料理を作り出す人がいます。料理の好きな人は、料理を作る機会が多いだけに、自分が使いやすいように台所を変えながら、狭いながらも使いやすい、快適な台所に育てている人、といえるでしょう。

理想の台所とは、人に見せたい素敵な台所かもしれません。あるいは、見てくれよりも働きやすさを優先した台所かもしれません。私にとっては、台所は見せる場所ではなく、料理を作る、大げさにいえば創作の場です。

おいしい料理を作るためには、料理人にとって使いやすい場所であることが一番の条件です。そして、働きやすい台所はシンプルになる、ともいえます。

では、使いやすい台所とはどういう台所でしょうか?

私は、「動きやすい」「収納がしやすい」、逆にいえば道具などが取り出しやすい台所だと思います。初めから理想の台所が用意されている、ということはまずないでしょう。その台所を使う人が、使いやすく育て上げ、作り上げていくものだと思います。

「ここが使いにくい」「あそこが動きにくい」という問題にぶつかるたびに、ひとつずつ働く人に合った工夫でクリアしていって初めて、理想に近い台所ができあがるのではないでしょうか。ですから、「これが使いやすい台所です」ということも、じっぱひとからげにはいえないことだと思います。

そして、さまざまな料理を生み出すよい道具とは、「使いやすく」「収納しやすく」「使い回しがきく」、つまり機能性豊かで応用力のある道具です。そういう道具は、デザイン性が強調されるものや、たまの作業を楽にしてくれる凝った便利道具ではなく、案外昔ながらのシンプルな道具であったりします。

日本の台所で、お母さんたちの手足となって活躍してくれた道具たちは、決して古臭い、手間を強要する道具ではなく、長い時間が育て上げた使い勝手のよい、素材を生かし、味を引き出してくれる道具のはずです。

どうぞ、印象や外見だけで判断せず、手にして、使ってみて、その真価に気づいてほしいと思います。また、次々に登場する新しい道具類の中からも、本当によいものを選び出す選択眼を身につけて、結局無駄な買い物で終わらせないようにしてほしいと思います。選択眼を養うには、やはり料理経験、センスがものをいいそうですが。

冷蔵庫はすのこつき収納容器で整理します

私が長年、懐石料理を続けてきてつくづく思うのは、冷蔵庫の位置は流しの下がベストだということです。材料がパッと流しに取り出せ、収納できますから。

でも、流しの下に収納できる冷蔵庫はプロ仕様のものしかありません。それに、これも業務用しかありませんが、中が見える透明ガラスドアの冷蔵庫。ドアを開けたままで取り出したいものを探していては、冷気はどんどん流れ出てしまいますが、保存に一番いけない弱点をカバーしたガラスドアなら、開ける前に目的のものの場所を確認できます。

さらには、中がまる見えなら日頃からきちんと整理しておこう、という気にもなるでしょう。もし、冷蔵庫を買い換える、改築や新築をして台所をより使いやすく改革しよう、という機会に恵まれたら、そんな冷蔵庫もちょっとお考えになってはいかがでしょう。

私は、食材を冷蔵庫で保存するとき、蓋つきのバットに入れています。店で扱う魚の切り身や青菜は、家庭と違って何種類もありますが、同じ種類のものはひとつのバットに入れ、バットの側面に洗えば消える水性マジックで「魚」とか「青菜」とか書いておきます。蓋も、透明で中身が見えるものを選びます。蓋つきの利点は、重ねられるということでもあります。

容器のおすすめ素材は、一番よく冷えるアルミです。とくに傷みやすい肉や魚は、アルミが最

適です。形は、高さはなくても面積のあるもの。魚の切り身を保存する場合にも重ねずに並べられますし、青菜も小分けにして並べられます。そして容器のサイズは、収納しやすいようにできるだけそろえるようにしています。

さらに、魚や下ゆでした野菜など水気のあるものを保存する容器は、すのこが敷いてあるものがおすすめです。魚から出た汁が魚に触れないので味も落ちず、臭いも抜けます。下ゆでした青菜も、すのこやキッチンペーパーを敷くと水分が適度に抜けて傷みが早くきません。

味噌容器も、私はもっぱら合わせ味噌を使いますから、あらかじめ容器に数種類の味噌を入れ、季節や具によって使い分けています。このやり方も、ひとつの容器で事足りますので重宝です。

他の調味料も、ひとつのトレイに並べておくと便利です。調味料の数が増えれば増えるほど、和風調味料セット、中華調味料セットのように使いやすく分けてセットしておくと便利でしょう。

密閉保存容器は、いただきものなどが結構あって便利に使っていますが、意外に困るのが数が多くなると容器と蓋がバラバラになり、使うたびに探さなくてはならないことです。これを解決するためには、容器と蓋に合印《あいじるし》をつけています。シールでも水に落ちにくい油性マジックでも結構ですが、かわいい花の印などにすると、使っていても楽しい気分になります。

おすすめの包丁とまな板

一本目の包丁は、牛刀が便利だと思います。牛刀は、両刃の洋包丁ですが、肉にも魚にも、もちろん野菜にも使えます。

次に出刃包丁。私は「魚料理は、切り身ではなく丸ごと一匹買って料理しましょう」という方針ですから、出刃包丁が必要になるのです。

それに、刺身包丁と欲をいえば小さな出刃、アジ切りと呼ぶものがおすすめです。アジ切りやペティナイフなど小さめの包丁は、芋《いも》の皮むきや細かな切りものなど案外いろいろな下ごしらえで活躍してくれ、便利なものです。

包丁は、料理をするときの一番大事な道具です。

素材や切り方に合った、しかもよく手入れされた切れ味のいい包丁を使えば、そうでない包丁を使うより何倍も美しく仕上がり、効率よく料理ができるからです。そのようなことも考えながら、握ってみてあなたの手になじむ、いいものを求めていただきたいと思います。

そして、いつも最良の状態で長く使うために、砥石《といし》もいっしょに求めて、お手入れを欠かさないようにしてください。包丁の切れ味が悪いのは、包丁そのもののせいではなく、お手入れの悪さのせいということがよくあるのです。

まな板は、木製です。懐石料理ではほとんど肉を使いませんから、あえて肉用、魚用とは使い分けていませんが、いろいろな食材を使うご家庭なら、肉と魚兼用、野菜用と表裏を使い分けるといいでしょう。そして、ひと目でわかる目印をつけておくとよろしいでしょう。

私のまな板手入れ法は、塩で洗うことです。木は水分を吸いますから、どうしても洗剤は使いたくないのです。吸収した洗剤液を内に溜めてしまうようでこわいのです。塩をたっぷりつけてタワシでこすり洗いをし、日光に当てて消毒しています。

まな板も最近はブランド化してきたのか、イチョウがいい、ヒノキがいいなどといろいろいわれていますが、値段の高いまな板ならお手入れが悪くても安全というわけではありません。まな板のお手入れを疎《おろそ》かにすると、最悪食中毒の原因になりかねませんから、どんなまな板もお手入れ次第ということだと思います。

現代ならではの便利な道具も使います

かつては、料理というものをストイックに考えて『すべて手作りでなければ料理人とはいえない』とまで思っていた私ですが、今では味を損なわず便利に使える道具はありがたく使わせていただいています。

私の日常は茶寮と懐石料理教室の二本立てですが、生徒さんの中には「先生、これはフードプロセッサーを使ったほうが早いですよ」とか「こういう道具も便利ですよ」と教えてくださる方もいます。初めは抵抗していましたが、実際彼女たちがそういう便利道具を使って作ったもののお味をみると、手作りにひけをとらなかったり、むしろおいしくできるものもあるのです。

たとえば真空保温調理器で作る茶碗蒸し。一宮庵の茶碗蒸しは、だしが多いとてもやわらかいものですが、それだけに蒸し方には細心の注意が必要です。でも、この道具を使えばとっても楽ちん。そのうえ見た目も、スが入ることなく美しい仕上がりになります。

フードプロセッサーも、とくに魚のすり身を作るときなど助かります。すり鉢でゴリゴリ作るのは結構重労働ですから。ただ、私は百パーセントフードプロセッサーに働いてもらおうとは思いません。八〇パーセントで私の手と交代です。仕上げを人間の手でやることによって、機械だけよりひと味勝るように感じます。金属の刃で切り刻むフードプロセッサーでは、魚でも野菜でも豆腐でも均一に刻まれすぎて味わいがなくなるように思います。味わいの中には、かたいものやわらかいもの、小さいもの大きいものなどが混ざり合っておいしさを出す、ということがありますから、均一に細かくというのは、ちょっと困るのです。しかも、油断すると細かくなりすぎてしまいますし、水分のある野菜などは水気が出てしまいます。

ただ、やはり料理によっては『私にはダメだな』と思うものもあります。そのひとつが圧力鍋。まず『アクはどうなるんだろう？』と考えます。いったん煮立たせてアクを取ってから煮る、とはいってもまだまだアクは出るはずです。そのアクは、結局材料の中に戻ってしまうのではないでしょうか。それに、色よく仕上げたい小豆《あずき》煮。小豆色というきれいな赤にするためには、酸素が必要です。豆を煮返しながら煮汁を空気に触れさせているうちに色が美しくなるのです。でも、圧力鍋は密閉されていて空気に触れませんから。

ただ、だしに使った昆布で常備菜を作るときは、圧力鍋は素早くやわらかくなっておすすめです。私の店では毎日たくさんの昆布が出ますからよく使う素材ですが、わが家の昆布佃煮《つくだに》はおしょうゆ味だけ。甘味を一切加えないしょうゆ味は、さっぱりしていると好評です。ご家庭では、そんなにたくさんの昆布は使いませんから、使うたびに佃煮の大きさに切って冷凍し、溜まったところで煮るといいでしょう。また、長いままクルクルと丸めて冷凍しておいたものを、圧力鍋でやわらかく煮て、鮭や鰊《にしん》を巻いて味をつけて煮れば、昆布巻きも簡単にできます。

水を大切にしたいから汚れものは最小限に

私は、水を大切に使いたい、水をできるだけ汚したくないと考えています。それは、料理店をやっていると、大量に水を使い、それだけに水を汚す可能性が高い、と考えるからです。ですから、いろいろな工夫をしています。

たとえば洗いものは、陶器や木のものは洗剤を使いません。漆器などはもちろん洗剤はタブーですが、陶器もお湯で洗っていますし、まな板は塩で洗い、日光に当てます。陶器や木は、水分を吸う性質がありますから、洗剤で洗うと、次に熱い汁などを入れたときに洗剤が滲《し》み出てくるように思います。

道具を使うときも、たくさんの道具を使えばそれだけ洗いものが多くなるわけですから、できるだけ使う道具を少なくすることを考えます。

たとえば、ドレッシングや合わせ調味料を作るときは、空き瓶を使います。辛子じょうゆや甘酢でしたら材料を入れて振るだけ。ドレッシングも、日頃使う量はだいたい決まっていますから、ドレッシング用の瓶を決めて、あらかじめ酢の量、プラス油の量のところにマジックで線を引いておきます。この瓶を使えば、軽量スプーンやカップを使う必要も、ボールや泡立て器を使う必要もありません。それだけ洗いものが減らせるわけです。

弁当箱も、学校用など毎日使うものは別として、行楽や差し入れなど一回限りの弁当はお菓子の空き箱などを利用します。ちょっと季節の花の絵を描いたり、きれいな紙を貼ったりするとオリジナルの素敵な弁当箱になります。差し上げても返していただく手間もありませんし、行楽などならごみ箱に捨ててくることもできます。きれいな空き箱を大事にとっておくのもいいでしょうが、どんどん使うのも片づけという意味ではおすすめです。

同じように空き瓶も、手作りの佃煮やお惣菜《そうざい》を入れて「副菜にどうぞ」と差し上げるときに使います。蓋に和紙をかけ、贈答品についてくるきれいな紐で結べば、まるで老舗の一品のようにおしゃれです。とくにひとり暮らしの方や年配の方には喜ばれます。

私はときどき、だしを瓶詰めにして「夕食にどうぞ」と差し上げますが、これは大歓迎されています。ちゃんととっただしで作るお味噌汁や清汁《すましじる》は、本当においしいものですから。

清潔を心がけることはいいことですが、水の大切さにも思いを至らせて使う。そのためには捨てるものの上手なリサイクルまで含めて考えてみる。ささやかなことですが、考えられる人と考えられない人では大きな差があるのではないでしょうか。

鍋は取っ手なしの雪平が一番

私の店で中心的な役割を果たしている鍋は、アルミの片手鍋、いわゆる雪平《ゆきひら》です。しかも、あえて取っ手をつけずに使っています。取っ手がなければ、いくつでも重ねられ、冷蔵庫へも入れられるうえに、ボールとしても使えます。ですから、大きさの違う雪平が何種類もそろっていますが、すべて重なって収納場所は一ヵ所です。持つときは、取っ手の差込部分を鍋つかみやタオルで持ちます。この持ち方、安定感があるのです。プロ用雪平で、取っ手の差込部分がなく、ヤットコで持つものがありますが、中身が重い場合など不安定でご家庭では使いにくいと思います。

ご家庭なら、まず中くらいで大きさの違う雪平を二個そろえ、徐々にいろいろな大きさのものをそろえるとよろしいと思います。私は、プロ仕様の鍋を専門店で買っていますが、少々お高いプロ仕様のものも、丈夫で長く使えるということを考えると、結果的には安い買い物になるのではないでしょうか。

鍋の手入れは、日頃から料理教室の生徒さんに「鍋を磨いている暇があったら、まず料理をしなさい」といっているくらいで、内側は丁寧に洗いますが、外側は汚れを落としても磨きません。ですから、わが家の鍋はみんな外側が日焼けしていますが、黒いほうが熱の伝わり方もいいような気がしています。厨房の鍋が全部ピッカピカ、という光景も素敵ですが、料理はなにより味、道具は清潔であればいいと思います。

鍋を収納する棚は、すべて戸を取り払っていますが、これは風通しをよくするためです。湿気は衛生面で一番の敵ですが、水を使う台所はただでさえ湿気の多い場所ですから、季節によっては戸を閉めて密閉するとカビが生える心配があるのです。

お鍋の話といっしょに、煮ものに使う落《おと》し蓋《ぶた》の話もしておきましょう。

落し蓋の効用はいろいろいわれていますが、私は使いません。なぜなら、臭みがこもってしまうからです。とくに魚の煮ものは。それに、落し蓋をした安心感と、逆に中の様子が見えないということから焦がす恐れがあります。私自身、焦がした経験が何度もあって、懲《こ》りてしまったのです。さらに、アクが取りにくいということもあります。

かつて、光熱費が高価だったころは、熱を逃がさない知恵として落し蓋が考えられたのでしょうが、たとえば煮魚の場合、私は、みりんとしょうゆ、酒を煮立たせた中に魚を入れ、強火で一気に炊き上げます。そして、できあがる少し前に煮汁をかけながら仕上げます。こうすることによって照りもよくなり、魚から出た旨《うま》みがまた魚の中に戻るのです。落し蓋を使うということは、余分な煮汁があるということで、それがもったいないと思うのです。できあがりには煮汁がない、これがいいと私は思います。芋や根菜を煮るときは、材料が浸るくらいの煮汁を入れますから、落し蓋をする必要はありません。

すり鉢は材料の分量とバランスがとれる大きさで

私の台所には、いろいろな大きさのすり鉢があります。それは、料理屋をやっているから必要だということですが、すり鉢は「大は小を兼ねる」というわけにはいかないからです。すり鉢を使うというと、少量ならともかくちょっと量が増えると『疲れそう』『面倒』と思われるようですが、材料の分量とすり鉢の大きさが合っていれば疲れません。

一番疲れるのは、分量に比べて小さなすり鉢を使うときです。『こぼしてしまわないか』とハラハラし、『なかなか細かくならない』とイライラし、精神的にも疲れてしまいます。

ご家庭でいろいろな大きさをそろえるのは大変ですし、そんな必要もないでしょう。でも、大きめのものと小さなもののふたつくらいはそろえられては？

現代の主婦には、フードプロセッサーという強い味方もありますし、なんでもかんでもすり鉢でということではないでしょう。事実、私も材料によってはフードプロセッサーを使っています。ただ、金属の刃より陶器のすり鉢のほうが材料への当たりがやわらかく、機械で均一にするより、手ですったむらのある滑《なめ》らかさのほうが味は一段上であることを覚えておいてください。

そして、面倒がらずにときどきはすり鉢を使った料理を作ってください。とくに豆腐やごまといった植物性の材料は、すり鉢のほうが合っているようです。

菜箸もいいけれど竹串がおすすめ

わが家にはたくさんの菜箸がありますが、私が使うのは長めの竹串です。竹串は、菜箸より細いので材料がくっつかず、細かい盛りつけにも使いやすく、フライの衣つけでも粉がつきません。菜箸も、太めで使いにくいと思ったら、使いやすい太さに自分で削ってみてはいかがでしょう。いつも『使いにくいわ』と思いながらなんとなく使い続けるより、自分の手に合った、素材に合った大きさにしていくのも暮らしの知恵だと思います。

中華街の道具屋さんでうかがったことですが、餃子《ギョーザ》の皮などを伸ばす小ぶりの麺棒《めんぼう》。あれも、売っているのは二〇センチほどの長さですが、プロはこれを自分の使いやすい長さ、太さに削って使うのだそうです。プロの知恵も取り入れて、より使いやすい台所作りをしてみましょう。

菜箸にしろ、竹串にしろ、水分を吸収する素材でできていますので、ただ洗って拭いてしまうのではなく、ときどきでもまな板などといっしょに太陽に当てておけば安心して使えます。

よくプロの料理人が金属製の菜箸を使っていますが、ご家庭には必要ないでしょう。金箸を使うには、木製より雑菌がつきにくい、冷やした刺身などには冷たい金属がよい、まちがって火に近づけても燃える危険性がない、などの理由がありますが、盛りつけでは器に触れますから『器が傷つくのでは』と冷や冷やです。まして、漆《うるし》の器なんて想像するだけでこわくなります。

巻きすは応用力のある便利道具

巻きすというと、巻き寿司しか思い浮かばない方もいらっしゃるでしょう。でも巻きすは、いろいろな料理の下ごしらえに使える、応用力のある道具なのです。

たとえば、ほうれん草のおひたしを作るとき。ほうれん草は、ゆでたものを水に放してアクを抜きますが、味をつけるときにはしっかり水切りしたいものです。

このとき、手で絞っては、絞りすぎの部分や絞り足りない部分があってばらつきが出たり、力を入れすぎて繊維まで押しつぶしたりしてしまいます。そこで巻きすを使います。

巻きすに巻いて絞れば、力が均等にかかってほどよく水切りができ、形もきれいにそろいます。

厚焼き卵を焼いたときも、少々形崩れした卵焼きも、巻きすに巻いて形を整えれば、四角いもの、丸いもの、自在に美しい形に仕上がります。

肉の蒸しもの、たとえば鶏肉で野菜を巻いたものやひき肉をロール状に丸めたものを作るときも巻きすは役立ちます。

ラップやオーブンペーパーという便利なものもありますが、それでは脂は抜けません。

巻きすに巻いて蒸すと、余分な脂が蒸している間に抜けてヘルシーな一品ができあがります。

お菓子でも、ロールケーキや和菓子の蒸し菓子を作るときに使えるでしょう。

もちろん、夏の小道具として、大皿の上に敷いて緑の葉をあしらい、前菜や刺身などを盛っても素敵です。

ごくごくシンプルな道具だからこそ、その使い方は工夫次第で広がるといえるのではないでしょうか。

布巾はタオルを活用します

布巾は、洗った器を拭くもの、食卓を拭くもの、調理中に包丁やまな板を拭くもの、台所に備えておいて汚れたところを拭くものなどいろいろあって、当然、衛生面からすべてを一枚ですませてしまうわけにはいきません。

私は、もっぱらお店からお年始などでいただいたタオルを活用しています。タオルは、厚みもあって水分をよく吸いますし、調理場専用の洗濯機でまとめてジャブジャブ洗えるという長所があります。また、縫ったりせずにそのままの大きさで使うことで、長さを生かして野菜などの水切りに使ったり、必要に応じて折りたたんで布巾に使ったり、折りたたんだものを鍋つかみにしたり、と自在に形が変わるよさがあります。ちなみに、傷んできたら雑巾にリサイクル。これもタオルだからできることで、本来布巾として売っている薄手のものでは雑巾にはなりません。

私は、「豊かな台所」というものがあるとすれば、それは冷蔵庫にキャビアやウニやメロンが入っている台所ではなく、布巾の種類、枚数がたくさんあって、何枚でも心置きなく使っている台所ではないか、と思います。まして、いつも真っ白い洗濯の行き届いた布巾が準備されている台所なら、その台所の主は料理の腕も相当なものだと思われます。料理が嫌い、苦手という人は、布巾の大切さにまで思いが及ばないでしょうから。

第四章

食卓に生かす和の工夫

三か条

一、食卓をもの置きにしない
一、料理に合わせやすく、多用できる器を選ぶ
一、器をかわいがる

◉料理が映える和の食卓

料理は、どこで、いつ、誰と、どんな雰囲気で食べるか、によって味に違いを感じます。さらに、盛りつけや供し方によっても違って感じるものです。そこで、私の経験の中から、料理が映え、よりおいしいそうに見える和の食卓の演出法をアドバイスいたしましょう。

ここでも、他の和のしつらいと同じように、「食卓はシンプル」であることが第一の条件だと思います。調味料セットやお茶セット、お菓子がいつも出ていたり、はたまた読みかけの新聞や雑誌がのっていたりするような雑然とした食卓は、一度なにもない状態にしてみましょう。そして、食事のときに必要なものだけ、そのつど用意するセッティングに変えるのです。

すっきりした食卓でいただく料理とゴチャゴチャいろいろなものがある中でいただく料理、想像するだけでどちらがより料理が映えるか、どちらがおいしく感じるか、がおわかりになると思います。

なにもない食卓には、季節の花の一輪挿し、和の布のランチョンマットまたは木製や漆塗りのお盆か折敷《おしき》を整えれば、それだけでもうおいしい食事を予感させる食卓のしつらいは万端です。シンプルで品のいいものは、しつらいだけでなくおしゃれなどでも、いろいろなものに調和する応用力をもっていますから、そんな食卓なら和食に限らず洋食、中華などの料理も引き立ててくれるはずです。

料理を盛る器は、料理の見た目を大きく左右するものです。だからといって、高価な器であればいいということではありません。「料理に合った、かわいがられている器に盛りつける」ことが望ましいと思います。

「料理に合う器」とは、一見してきれいな器や豪華な器のように主張する器ではなく、これもまたシンプルな形や色柄の器の中に多いものです。そういう器こそ、中に盛られる料理を引き立て、結局使いやすい器といえるのです。そして、いい器こそしまい込まず、折に触れて日常の食卓でも使ってほしいのです。

さらに「一器多用できる器」がおすすめ。特定の季節を象徴する絵柄があったり、特殊な色であったり、個性的な形でありすぎると、いろいろな料理を盛ることは難しくなります。応用のきく色、柄、形の器なら、和洋中の料理を選ばず、季節やもてなしと家族の食事の違い、調理法などの違いも問わず、幅広く使いこなせます。そして、そのような器を選べば、たとえ少ない器でも多彩な食卓が演出できるはずです。

「よい器」とは

「よい器」とはなんでしょう。それは、かわいがって育てられるものです。

いい例が備前の器です。備前焼きは、焼き締めといって釉薬《ゆうやく》がかかっていませんからザラザラ、ガサガサの肌ですが、毎日のように使っていると三年もすれば滑らかな肌になり、艶《つや》も出て、締まってきます。垢抜けする、といってもいいでしょう。でも、飾っておくだけではだめ。料理やお酒を入れたり、触ったりして語りかけてあげると、応《こた》えてくれるのです。

それに、食べる人にとってだけいい器でも「いい器」とはいえません。料理を盛る人、運ぶ人、洗う人にとってもいい器でなければ。

『変わった形で面白いわ』と食べる人が思う器でも、料理の盛りつけが難しい、不安定で運ぶときに緊張する、でこぼこがあって洗いづらい、というような器であってはいけないと思います。

かつて私は、九州各地に懐石料理の出稽古に通っていました。その中で、唐津の陶芸家の方たちにも教えていましたが、「なぜ陶芸家に」かというと、料理ができないと器の大きさがわからないから、ということなのです。

用途に合ったものが器であって、器が先に歩くことはないのです。先に器ありきでは、使いにくいのです。その器は、あくまで作家の考える大きさであって、料理を作る人、料理を盛る人の大きさではないからです。どこかチグハグになってしまうのです。

「器は料理の着物」といったのは北大路魯山人ですが、着物が、着る人はもちろん、着る場所や場合、小物との調和が大切なように、どんなに素晴らしい器も、器だけがひとり歩きしてはだめです。器を使うのは家族の食事か、おもてなしか、どんな料理を盛るのか、普段の食事か、おめでたい宴かなどで違ってきます。

さらに、お膳や折敷を使う場合、原則的に四角い膳には丸い器、丸い膳には四角や長方形の器が合います。通常、食事には複数の器が使われますが、主菜も副菜もみんな同じ形の器より、いろんな形の器がそろうのが望ましいのです。

器を選ぶときは、見た目だけでなく、どんな料理が合うか、使い勝手はいいか、手入れはしやすいか、他の器との相性は？　などを考慮したうえで選んでいただきたいと思います。

そして、選んだ器を大切にかわいがって育てていけば、きっとあなたにとっての「いい器」になるでしょう。

一器多用ができる陶磁器のそろえ方

ある程度食器がそろっているお宅でも、「これは気に入ってないの」と出番が回ってこない器が必ず何点かあるはずです。それは、結婚生活やひとり暮らしを始めるときに、「とりあえず必要だから」という理由でそろえた器ではないでしょうか。

とりあえず食器が必要なときには、まだ自分のライフスタイルや住まい方の方向が定まっていないはずですから、どうしてもそろえるべき器の傾向も決まらず、なんとなくそぐわないものもコレクションに入れてしまいがちです。でも、暮らしを重ねていく中で折々に集まってきたものは、ライフスタイルなどの方向づけができつつありますから、暮らし方や感性にしっくりするものが集まるのです。

間に合わせ、が一番いけないと思います。最初に器をそろえるときは、本当に必要なものだけ、シンプルで幅広い料理に合う、一器多用のできるものをそろえ、徐々に買い足していくことをおすすめします。

そして「できれば作家の作品を選びなさい」といいたいのです。私は、自他ともに認める行動派ですから、いい作品を見れば作家のところへ押しかけて親しくさせていただき、自分の意思を伝えて私の手と体に合った器を作っていただいています。

そこまではなさらなくても、デパートや器の店、画廊などでやっている個展で「この器、私の趣味にぴったり」というものをみつけたときは、その作家をあなたのリストに入れておきましょう。もし、その作家がお住まいの場所へ旅する機会があったら、工房見学をさせていただくといいでしょう。

お気に入りの食器だけでそろえるのは、なかなか難しいことです。まして「お気に入りだけど、もったいなくて使えない」という器もあるでしょう。でも、器は使ってこそ価値があるものです。安い器も気に入らなくて使わなければ、結局高いものになりますが、高価な器も存分に使えばお高くはないということです。

ご家庭では、すべての料理を各自の器に盛って出すというより、いっしょ盛りの取り回し式のほうが多いと思いますし、そのほうが合理的だと思います。そういう点から考えても、一器多用という点からも、まず取り鉢二、三組と取り皿二、三組をそろえると便利でしょう。

取り鉢にできる鉢なら、煮ものもサラダも汁のあるものも、それにお菓子も盛れますし、麺類だっていただけます。

取り皿は、汁気のあるものとないものを盛り分けるために、平らなものと少し深さのあるものを最低二組。直径一二センチほどのものが使いやすいと思います。

一組は、和食の器の場合、通常五枚ですから、おもてなしも招く人を含めて五人までは大丈夫ということです。それに、この取り回し式なら、食器の数が少ない分、洗いものも少なくてすむというわけです。

最初に器を選ぶ基準は、オールシーズン使える季節感や模様のハッキリしていないものがおすすめです。冬に夏の草花を描いた器はどうも落ち着きませんし、模様によっては飽きてしまったり、鳥の絵柄に魚を盛るのは違和感があったりしますから。器がそろってきたら季節感のあるものもコレクションに加え、季節に応じて使い分ければ、よりおしゃれな器使いが楽しめるでしょう。

こんな言葉があります。

「気を遣って、体を使って、お金を使え。この三つがそろって初めて等身大である」。

器ももちろん、暮らし全般、これでなくては勉強はできないのかもしれません。よそ様で『ああ素敵ね』と思っても、それが自分のものになって、手元に置いてよしあしをきちんと見極めなければ本当の評価は下せませんし、そんな経験を積み重ねなければ向上できないものがあるということです。決して「贅沢をしましょう」ということではないのですが。

器と食卓へのいたわりから生まれる裏技

わが家の陶磁器の器は、すべて糸底に仕掛けがしてあります。それは、お風呂場など水回りに使う目地剤が塗ってあるのです。

わが家には、備前焼や信楽焼など肌がザラザラした器が多いのですが、そういう器を輪島塗《わじまぬり》のお盆で運ぶときにグラッときたりしたら、もう冷や冷やものです。漆は疵つきやすいし、疵がついた漆器は見た目にも痛々しいものです。

そこでいろいろ考えて器に、初めはサンドペーパーをかけてみたりもしましたが、いい結果が得られず、ふっと思いついて目地剤を使ってみました。これが、すこぶる具合がいいのです。食卓や漆のお盆なども疵つけませんし、滑らず、器の安定もよくなりました。ちょっとくらいグラッときても倒れにくいのです。音も立てません。

それに、水に強い目地剤ですから、いくら洗っても落ちることがなく、もう一二年になりますが、問題なしです。

器を買ってきたら、チューブからそのまま出した目地剤を糸底にグルッと塗って、乾くまで伏せて置いておけばもうできあがり。ぜひ、みなさまにもお試しいただきたい裏技です。

土鍋は使い方、いろいろ

私の家では赤楽《あからく》、赤い肌をした楽焼の土鍋を使っています。

土鍋は鍋料理にしか使わない、というのはもったいないことです。

土鍋は、陶器製ですからやさしく火が通り、保温力も抜群で、煮込み料理や炊飯に使うと、できあがりの味がグレードアップするようです。お母さんの土鍋で炊いたおかゆのおいしさ、ご存じの方は多いと思います。

土鍋でごはんを炊く方法も覚えておかれると便利です。それに、土鍋はそのまま食卓へ出せるものですから、シチューや炊き込みごはんをそのまま食卓へ、ということもできます。姿自体にあたたかみを感じさせる土鍋は、あつあつの料理がよりいっそうおいしく感じられることでしょう。

土鍋を扱ううえで注意したいのは、外側表面に水気をつけたまま火にかけない、ということ。水気があるとひびが入ってしまいます。

使い込んで丈夫になった土鍋なら、いきなり強火でも大丈夫でしょうが、やはりひびの心配がありますから、いきなり中火以上にすることは避けていただきたいと思います。旬の素材を混ぜ込んだ炊き込みごはんはことにいいお味。ぜひ試してみてください。

熱と水気に注意したい漆器

漆器は、海外では「ジャパン」と呼ばれるほどの日本の伝統工芸品ですし、歴史を重ねた素晴らしい器ですから、ぜひとも使っていただきたい道具のひとつです。

かつては、木の塊《かたまり》をくり貫《ぬ》いて椀などの形を作り、本漆を何重にも塗り重ねた漆の器しかありませんでしたが、今では素材も漆もいろいろなものがあり、価格にも大きな幅があります。

たとえば、求めやすいものならプラスチックに塗料を塗って漆風に見せたものや、最近多い中国製などの漆を塗った輸入物、木の粉を固めて形を作ったものに塗料や漆を塗ったものなどです。

本漆の上等なものを、きちんとお手入れしながら使い込むのがベストな漆とのつき合い方でしょう。同じようなお椀でも、手頃なものと上等の本漆のものを使い比べてみるとおわかりになるでしょうが、やはり味わいのよさは本物が断然上です。

でも、「食事のあとはひと休みして、後片づけはそのあとで」という方や「後片づけは苦手なの」という方は、手頃なものを心置きなく使うほうがいいかもしれません。

漆のお手入れは、使い終わったらできるだけ早く、ぬるま湯を使って洗います。熱湯、洗剤はタブーと心得てください。熱湯を使うと、いわゆる「焼けた」艶のない状態になり、漆の価値はなくなります。汚れがこびりついた場合は、やわらかい布でやさしくこすり洗いします。

洗剤を使わなければ落とせない油汚れを防ぐためには、たとえば天ぷらなどを盛る場合は紙を敷いて盛るといいでしょう。洗い終わったら、すぐに二度拭きです。湿気を嫌う漆器は、お椀の糸底など拭き残しやすい部分に水分が残っていると、そこから漆がはがれるおそれがあるからです。

まずタオルで拭き、仕上げに薄手木綿の布巾で拭き上げます。おもてなしにしか使わないような高価な漆器は、収納も箱に入れて棚や納戸に、と通気の点でも悪条件が重なる場合が多いので、よくよく水分が残っていないかチェックをしてから収納してください。このお手入れができない方は、上等の漆器をお使いになるのは控えたほうがいいと思います。

ただ、日常的に使うものではないもの、たとえばおもてなしの菓子鉢のようなものなら、ほとんど汚れませんし、たまに登場するくらいでしょうから、そういうものから本漆とのつき合い方を学んでいかれてはいかがでしょう。上手にお手入れした本漆は、徐々に丈夫になっていきます。ですから、あまり尻込みなさらずにできる範囲から挑戦してみてください。

透明感が身上のガラス器のお手入れ

暑い日に、食卓に並んだガラス鉢のそうめんやサラダ、グラスに盛られた酢のものは、清涼感を演出して料理の味わいをよりさわやかに引き立ててくれます。ただし、ガラスがガラス本来の透明感のある美しさを保っていればこその効果です。

ガラス器は、割れやすいものだけに「お手入れが面倒そう」と敬遠なさる方もいるでしょう。割らないように洗うコツは、ひとつずつ洗うこと。他の器もみんないっしょに流しに入れて、ではなく一個ずつ。そうすれば、他の器とぶつかる気遣いはありませんから、手元だけに注意を集中して丁寧に洗えるはずです。

ガラス器は、表面になにもないツルンとした肌のものと、彫りを刻んで模様を出したカットグラスがあります。彫りのないガラス器も、お手入れを怠ると表面にくもりが生じて、ガラスの魅力半減ですが、カットグラスは彫りの溝の中に細かい汚れが溜まってしまうと、きれいにするのもなかなか大変です。使うたびに、洗剤とスポンジを使って丁寧に洗うことが大切です。

もし、お手入れを怠って彫りの中に汚れを発見してしまったら、洗剤を溶かしたぬるま湯につけて汚れを浮かせ、歯ブラシでやさしくこすってみましょう。

ガラスのお手入れを怠ると、知らず知らずにくもってきて、きれいにすることが大変になります。高価なガラス器でもときどき出番を作り、お手入れも忘れないようにしてください。

ガラス器は、布巾で拭かずに濡れたまま自然乾燥させるときれいに乾きます。布巾で拭くと、乾いたときに拭き跡や筋が出たり、細かな繊維くずがついていたりして、もう一度乾いた布巾で拭かなくてはならなくなるからです。乾いたタオルなどの上に、洗ったガラス器を伏せ、乾くまでそのままにしておけばいいのです。

日頃使っていないグラスでお客様にビールやワインのおもてなしというときには、汚れていなくてもお出しする前に洗ってピカピカのグラスをお出ししたいものです。冷たさがごちそうのビールや冷酒をお出しするときは、一時間くらい前に冷蔵庫でグラスを冷やしておくと完璧です。

おつまみを一品増やすよりずっと簡単で、こまやかな心遣いが印象に残る、おもてなし成功の秘訣です。

洋食器に和食を盛りつける

私は、ときにはプライベートなおもてなしや家族の食卓では和食に洋食器も使います。もちろん、懐石料理には使いませんが。お気に入りは大倉陶園の白です。それに、クロワッサンと呼ばれる三日月形の磁器の皿も、形が楽しく、お菓子をのせたり、小ぶりな料理を盛ったり、と比較的ひんぱんに登場します。

洋食器は、基本的に丸形で、模様のあるものが多いという点が使いにくいのですが、白無地や色無地なら、上手に料理と組み合わせ、和食器にない効果を生み出せます。

カップ&ソーサーは、真ん中がくぼんでいないタイプのソーサーを選べば、取り皿などに使い回せるので便利です。とくにおもてなしのときは、お客様に『あっ、こんな使い方もあるのね』と意外性を感じていただけるでしょう。四角いお膳やランチョンマットでお出しするとバランスがよくなります。

模様ということでは、私たち日本人は器の模様とお客様のお召し物の模様が同じだったとき、『あら、どうしましょう』と失礼に感じるのですが、外国の方はさほど感じられないようですし、今の若い方は「あら、器とおそろいね」と逆に喜んでくださるかもしれません。器の模様ひとつにもそういう国民性や世代の感覚の違いがあって、なかなか難しいものです。

国民性の違いとはいえ、外国の方が、昔の有田《ありた》焼などの便器を骨董市などで買って花入れや傘立てとして使ったりすることがあります。それが、焼き物としてどんなに素晴らしいものでも、模様や色がどんなに風雅でも、便器は便器、玄関や表使いするものではありません。知ってか知らずか、外国のものとなると、ビックリするような使い方をしてしまうこともあります。

食器ではそういう間違いは起こらないでしょうが、外国の製品を使うときは、せめて、その国での使用目的くらいは知ったうえで使いたいものです。

夏の器、ガラス器はどうしても洋食器が多くなります。

ロックグラスやワイングラスは、前菜的な和《あ》えものなどを盛るのにぴったりですし、そうめんに代表される夏の料理は涼しげな雰囲気も演出できるガラス器に勝るものはありません。

さり気なくバカラのワイングラスに和えものを盛ってお出しすると、皆さん「あら、バカラね」って喜んでくださいます。そして「もったいないのでは」ともおっしゃいますが、使ってこそ、喜んでいただけてこそ価値がありますし、高価な器も使えば使うほど結局は高価ではなくなるのではないでしょうか。それに、みんなが高価なものだと知っている器は、扱いも慎重にしてくださるので、案外割る心配も少ないのです。

割れた器は植木鉢として再登場

陶磁器やガラス、ときには木製の器でも、落として割ってしまう、壊してしまうというのはどなたにもあることでしょう。でも、そんなとき心の中で『ゴメンナサイ』と手を合わせるような、そういう気持ちで器を使ってほしいと思います。

一番悲しいのは、「あっ、割れなくてよかったわ」というとき。表面的にはなんの疵もないように見えても、必ず目に見えないひびが入っているのです。その痛みがわからない分、罪が重いのではないかと思います。見事に壊れてしまえば「ごめんなさい」『いいのよ、これで寿命が終わったのよ』ということになりますが。

壊れてしまった器は、食卓には登場させないようにしましょう。『家族使いだからいいのよ』は、精神的な貧しさのもとになります。だからといって捨ててしまうのではなく、ひび割れをつくろって小さな植木鉢などに復活させればいいのです。たとえば、庭の片隅に咲いている小さな野草を植え、皿を敷いて玄関や食卓に飾る。それでまた、素敵な鉢としてデビューするのです。

同じように、たとえばどんなにかわいいペットでも、ペットの餌入れに一度でも使ったような器、つまり下使いした器は二度と食卓へは出さないということも大事です。そのまま餌入れにするか、植木鉢にしましょう。

きゅうすなどの蓋ものの場合、和の道具はサイズがほぼ同じという長所がありますから、蓋が割れても、本体が割れても、無事に残ったほうを再利用できるという可能性があります。蓋が割れたときは、他のきゅうすの蓋を試してみてください。何種かきゅうすがあったら、ひとつくらいは合うものがあるはずです。焼き締めのきゅうすに磁器の蓋というのも、案外ミスマッチの面白さがあるものです。

日頃から、割れにくい器を使っている人は、どうしても器の扱いがぞんざいになる傾向があります。私はいつも「いざが日頃」といっていますが、『特別の日、改まった席ではちゃんとできるのよ』とお考えでも、必ず地が、日頃のクセが出てしまうものなのです。器の扱い方によっては、器だけでなくテーブルも疵つけてしまいます。とくに陶器のざらざらした器は、テーブルの上で引きずらないようにしなければなりません。漆塗りのテーブルはいうに及ばず、木地やガラスのテーブルでも同じことです。

陶磁器は、いつか割れる運命にある、だからこそ魅力がある、といえるでしょう。が、当然のことですが、自分のミスでは割らないよう、ましてひと様の大切な器を疵つけないように、繊細な素材の扱いはすべからく丁寧にいたしましょう。

盛りつけは「向こう高」と「つんもり盛る」

盛りつけの一番大事な基本は「向こう高」と「つんもり盛る」ということです。

日本の風景は、海の向こうに山がある、というのがおなじみですが、まさにその風景どおり。手前を低く、奥を高く盛れば、自然で美しい盛りつけになります。たとえばお刺身は、奥にケンやツマをこんもり盛って、手前に刺身を盛ります。

つんもり盛るというのは、和えものなどを向付《むこうづ》けに盛るとき、ベチャッと平面的に盛るより、中心を山高に盛ると立体感があって景色がいいものです。

野菜の炊き合わせなども、まずベースとしてゴロッとしたお芋などを置き、拍子木《ひょうしぎ》に切ったにんじんやごぼう、ふきなどを立てかけ、上に椎茸、最後に木の芽を飾れば、見栄えよくできあがります。

煮ものなどは、そのままゴロゴロッと盛ればお惣菜ですが、きれいに盛りつければもてなしでも大丈夫。もちろん、材料に包丁を入れるときに盛りつけを考えて切らなければ、にんじんやごぼうを立てかけようにも乱切りにしてあっては無理というものですが。ちょっとしたことですが、結果は大いに違いが出ますから、日常の食事から盛りつけを意識することがいいレッスンになるでしょう。さらに料理屋では、いただく前によく観察し、プロの盛り方を学ぶように心がけることをおすすめします。

器とのバランスで、丸い器には丸くまとめず角張って盛る、四角い器には丸く盛るというのもコツのひとつです。

ちょっと高度なテクニックになりますが、「見立て」といって器を風景に、料理は季節を象徴するものに見立てて盛りつける方法もあります。たとえば、拍子木に切った刺身を筏《いかだ》に、長皿を川の流れに見立てる、といった盛りつけです。この場合は角に角の組み合わせになりますが、これはこれで和の風流を感じさせる盛り方です。

盛りつけという見た目とはちょっと違いますが、かたい素材とやわらかい素材の取り合わせという歯応えの組み合わせもあります。

たとえば、白和えのようにベッチャリしたものの中に、コリッとした筍《たけのこ》や赤貝のヒモのような素材が入っているとおいしく感じるのです。ベッチャリにベッチャリでは平板な歯応えで変化に欠けます。白い和え衣の中に、角切りの筍や赤貝のヒモがちらほら見え隠れする様も、結果的には見た目に影響を与えているといえるでしょう。

さらに、和は基本的に奇数でまとめることをよしとします。複数の料理をひとつの器に盛る場合、三点盛り、五点盛りはバランスがいいものですし、生花でも三種の花を各三本、五本と生けることが基本であり、バランスがとりやすいのです。

私が母から教わった、複数の料理をうまく配置する、とっておきの知恵をお教えしましょう。

丸皿でも角皿でも、頭の中で皿の上に縦横等間隔に二本ずつ線を引きます。すると四点で線が交差しますから、そこに料理を置くと、動きがあって、しかも落ち着きのある盛りつけになるのです。加えて、奥に高いもの、手前に低いものを置けばバランスもとれ、立体的に見えます。

数点盛る場合、どれも同じようにまとめるのではなく、丸、バツ、三角、長四角をうまく組み合わせるように心がけるといいでしょう。

私がこだわっているのは、季節のもの、旬のもの、それに色気で、必ず青いものを添えます。青いものは、料理を一番上品に見せ、ほんの少し加えただけでも落ち着くのです。木の芽、しそ、ほうれん草、さやいんげんなど、冷蔵庫にあるものをちょっと添える、それだけのことで全体の印象は大きく変わります。

逆に、赤はぐっと控えます。たとえば、大根とにんじんで作るなますも、にんじんはほんの少々でいいのです。赤味の強いなますは下品になります。赤のようなアクセントカラーは控えめに、と覚えておきましょう。

料理のいろいろな要素を取り入れ、ひとつにまとめたものに幕の内弁当があります。お弁当は、料理だけでなく、盛りつけという点でも集大成的なものですから、ぜひチャレンジしていただきたいものです。

幕の内は本来、お芝居の幕間にいただくものですから、素早く、きれいにいただける工夫がしてあります。それは、ごはんは食べやすいように物相《もっそう》で抜いて食いきりの量になっている、つま

りお代わりはありませんという合図になっている、おかず類も食べやすいひと口大に切り、調味料がいらない味つけがしてあるなどです。さらに、お弁当ですから傷みやすい生ものは入れない、ということもあります。

これらにプラスして、海、山、根、葉、茎などいろいろなものがひとつに納まっていれば、もう最高のお食事です。こんなお弁当なら、作り置きもできますし、お客様といっしょに食卓を囲めますから、おもてなしにももってこいです。

お盆で和のテーブルセッティング

西洋料理と同じように和食にもテーブルセッティングがあります。案外、洋食に詳しい方が、和食ではごはんと汁を左右逆に置く、という間違いを犯すことがあります。やはり日本人として、正しい和のテーブルセッティングの基本を覚え、実行していただきたいと思います。

正しい基本の配膳は図に示した通りですが、おかずの数によっても変わってきますから、正しい並べ方が自然に身につくよう普段の食事から心がけることをおすすめします。

おしゃれな食卓を演出する小道具にランチョンマットがあります。和食では、折敷や和紙を使う場合もありますが、ランチョンマットや折敷は、自分の食事スペースを明確にして確保するという意味もあるのです。楽しくお喋《しゃべ》りしながら会食というとき、ひと様のグラスを間違える、ということがありますが、そういうこともランチョンマットを使うことで防げるのです。

ランチョンマットもいいのですが、私は家族ひとりひとりに木のお盆を使うことをおすすめします。ちょっと予算が必要ですが、耐久性という点から考えると木の製品はお高いとは思えません。それに、ランチョンマットは洗濯をしたり、アイロンをかけたりというお手入れが必要ですが、お盆なら使い終わったときに拭くだけですからとっても楽。また、食事が終わって片づけというときも、お盆ごとまとめて流しへ運べます。子どものしつけという意味でも、「自分の食器

は自分で運び、後片づけを手伝う」という意識を教えられるのではないでしょうか。

器とお盆の形には相性があり、よく映える組み合わせ、なんとなく違和感がある組み合わせがあります。たとえば、角盆に丸い器、丸盆に角形の器はよい相性、逆に丸盆に丸い器、角盆に角形の器はおすすめできない相性です。

とはいえ、器はいろいろな形のものをそろえられますが、お盆はそうもいきません。そういう不便さを助けてくれるのが半月の形をしたお膳です。丸い線と直線でできている半月膳は、どちらの器ともバランスがとれるのです。ただ、家族が日常使いするものならそこまで考えなくても、お好みで角か丸の盆を使えばいいでしょう。ちなみに、うちでは丸盆を使っています。そして「おもてなし用」には半月膳をおすすめします。

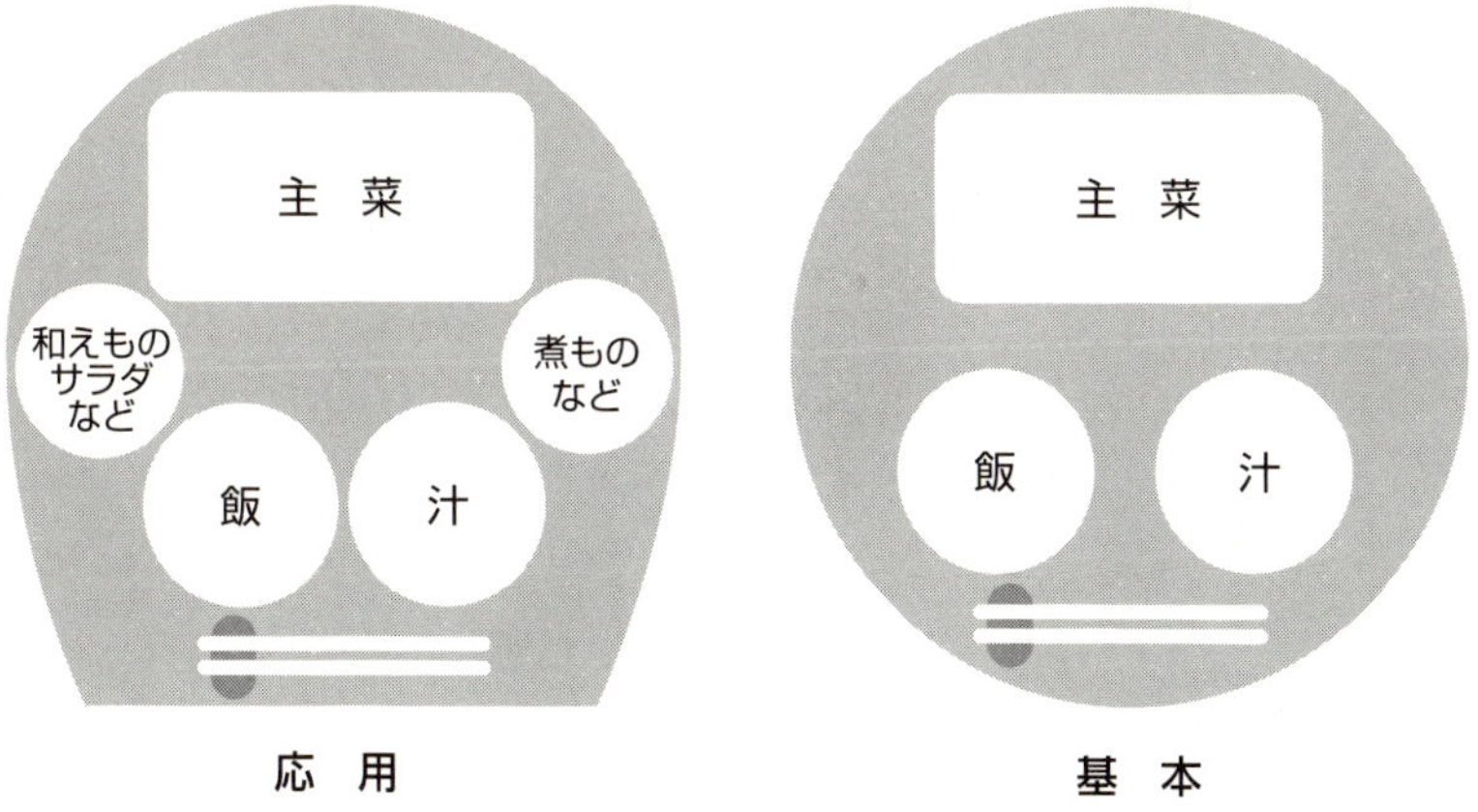

箸と箸置き

お取り箸は、お茶では青竹を使って一度使ったものは捨てるものですが、そこはもったいないこともあり、青竹も簡単に入手できないということで、冷凍庫で保存しています。青いものは、冷凍庫に入れておけば、青さを保ってくれるのです。もし、青竹の器などを手に入れる機会があったら、冷凍庫で保存してみてください。夏の麵類やお刺身用の器にぴったりです。

竹のお取り箸には、両端が細くなっている両細、中間あたりに節《ふし》がある中節、上に節がある止め節があって、それぞれ使い方の決まりがあります。サラッとした料理と飴煮などが盛り合わせになっているときには両端が使い分けられるように両細を、格のある中節は八寸《はっすん》や焼きものに、最後の料理には止め節というように。でも、ご家庭では器に合わせればよろしいでしょうし、二品に使い分けられる両細がおすすめです。

食事用の各自の箸は、毎日毎食使うものですから、できるだけ長さ、重さがその人の手に合ったものを選びたいものです。素材は、竹や木製で、まだ箸使いの上手でないお子さんには滑りやすい漆塗りの箸は避けたほうがいいと思います。

わが家の箸置きは、仕事柄たくさんの種類があります。それを、季節に合わせて使い分けていますが、箸置きも『いいな』と思うものはお安くありませんし、そうそう家庭でいろいろそろえるわけにはいきません。

実は私も、家族用は黒朱漆塗り分けのリング状のものを使っています。黒と朱なら季節を問いませんし、輪というのはどんなときでも間違いのない形です。それに、いつも箸立てに立てた箸に輪を通してかけてありますから、食事のたびに出す必要もなく、自然に箸置きを使う習慣がつくのです。

箸置きのように、普段の食卓では必ずしも必要ないものは、つい使わずじまいになってしまいがちです。ですから収納も、ひとつのトレイに全部まとめて収納し、ひと目で「今日はこれを使いましょう」と選べる工夫が必要だと思います。

料理教室の生徒さんの中には器用な方がいて、いろいろなものを利用してアイディアあふれたものを作ってくださいます。たとえばクリスマス用は、飾り用に売っているもみの木の小枝を使って、赤い小さなリボンをつけたり、など。使い捨てのもの、保存できるものは、思いついたときに作ってみると楽しいでしょう。

本当のおしゃれは、その時期にしか使えないものを使うということ。贅沢でもありますが、贅沢だからといって高価とは限りません。手作りなら、心のこもったたったひとつの贅沢ができるのですから。

おしょうゆも猪口に出すと粋

食卓は、普段はなにもないのが理想だと思います。置くとすれば季節の花くらいを。

食卓に置きっぱなしの調味料セットは、不衛生ですし、眺めとしてもいいものではありません。私は、あらかじめたれや調味料で味を調《ととの》えた料理を出しますから、ほとんど調味料を容器のまま食卓へ出すことはありません。お刺身ひとつでも、魚の種類によって調味料はしょうゆだけでなく、だしや梅肉などで割ったしょうゆ、甘酢などを使い、ちょうどいい加減の味をつけて出しています。

おしょうゆを出す場合も、私は小皿や猪口《ちょこ》にひとり分ずつ入れて出します。ご主人やお子さんがおしょうゆをジャブジャブかけて「塩分のとり過ぎが心配」という方は、とくにそういう出し方がおすすめです。また薬味類は、いただいたり買ったりしていくつも集まった香合などの蓋がついた小さな容器を活用しています。

和食器には、日常生活にはあまり出番がないようなそういう器が結構ありますから、活用するいい機会になります。

もちろん、普段の食事にいろいろなたれやソースを使い分けることは大変です。でも、おしょうゆだけでも、ちょっと容器を工夫してみると、味のある和の暮らしが演出できると思います。

食器棚を探すと、普段あまり使わない調味料の容器になりそうなものがいくつかみつかるのではないでしょうか。

お茶用の湯冷まし茶碗やミルクピッチャーなども液体調味料の容器に使えます。七味や山椒《さんしょう》などの粉類や辛子なら、猪口や小ぶりな蓋つき容器なども使えます。一回分だけ取り分けて食卓へ出せば、ちょっと気分も変わって新鮮な食卓が楽しめるでしょう。

そうめんのように、ねぎ、しそ、みょうが、しょうが、ごま、七味などいろいろな薬味がほしいときは、猪口などにそれぞれを盛ってお盆にのせて出すと、グレードアップした印象です。こういう遊びのある器は、『買おう』と思って買うのではなく、旅先やショッピング中、目についたときに買っておくと、いつのまにか集まるでしょう。

また私は、山椒やしそ、パセリの鉢を、食卓へ持ち込むこともあります。薬味やハーブ類を添えたい料理のときは、鉢のまま食卓へ出し、自分でお好みの量、摘みたてを使っていただきます。緑は、食卓の彩りにもなって、目も楽しませてくれます。

手拭いや風呂敷で作るランチョンマットやコースター

毎日の家族の食卓には、お膳として木のお盆をおすすめしますが、おもてなし用にまで木のお盆や折敷をそろえるのは大変ですから、やはりランチョンマットが最適でしょう。和食のおもてなしの場合は、やはり和風のランチョンマットがぴったりです。

和の布で作ったランチョンマットもいろいろ売られていますが、器用な方なら端切れや粋な柄の日本手拭《てぬぐ》い、きれいな色や柄の風呂敷で作ることもできるでしょう。表裏をまったく別の色や柄で作ると、一枚でふたつの雰囲気が出せます。

「ランチョンマットにも季節感を出したい」という場合は、簡単に利用できる和紙をおすすめします。市販の色和紙の中から季節にふさわしいものを選ぶのもいいでしょう。が、厚めの半紙に、春なら桜の花びらを、夏なら夏草や蛍、秋ならもみじなどを、水彩絵の具で描いてみることも、挑戦する価値はありそうです。

和紙なら使い捨てですから、たとえおしょうゆがこぼれても心配ありません。合わせて箸袋も作り、お客様のお名前を入れておくと感激されるでしょう。

ランチョンマットで気をつけたいのは、器とのバランスです。和食器は派手なものが少ないのですが、派手な柄のランチョンマットに派手な模様の器では、とうていバランスがいいとはいえません。たとえばバラの模様の洋食器にあでやかな蘭《らん》の花模様のマットでは、誰もがセンスを疑うでしょう。

模様入りの器に合うのはやはり無地のマット、無地の器なら柄物のマットでも映えます。

コースターも、和の布で作ったものはひと味違います。

最近、和の布のブームで藍染やちりめんなどで作ったコースターがいろいろと市販されていますから、こういうものを選んでもいいでしょう。わが家では、折り紙の舟のような形になったコースターも使っていますが、これは熱いものでも包むように持てますから、具合よく使っています。

食卓も、もみじや梅の枝で季節を演出

たとえばお膳は、木のお盆を使えば一年中、季節を問わず使えますが、真夏には竹やい草を編んだすだれ状のマットなどを使うと、夏らしさがいっぱいです。そして、料理にもちょっと緑の葉を添えてみましょう。「庭がないから葉っぱがない」とおっしゃらずに、買ってきた切り花の葉を一、二枚使い回しするだけで十分涼しさは演出できます。

たとえそうめんだけのさびしい食事でも、蓮の葉や葉蘭《はらん》のような大きな葉を敷いて麺を盛りつけ、いろいろな種類の薬味を添えれば、きっと「お料理屋さんみたい」といわれますよ。

春は梅や桜の小枝を箸置き代わりにしても素敵ですし、秋は美しく色づいた葉が使えます。そういうヒントは料理屋さんにもいっぱいあるでしょうし、ひとつのヒントからさまざまに応用することもあなた次第です。

私の提案は、こわがらずにチャレンジすること。いろいろやってみて、『あまりよくないわ』と思ったら二度はやらなければいいし、改良すればよい結果が生まれるかもしれませんし、とにかくやってみることです。

お茶セットを用意しましょう

お茶を飲む時間は、心を静めてくれる時間、自分で自分を癒す時間だと私は思います。イギリスにティータイムという素敵な習慣があるように、一日に一回、ほんのひととき、静かにお茶を楽しまれる時間をもっていただけたら、と。

お茶はもちろん、どんなお茶でもいいのですが、そこは日本人として抹茶をもっと気軽に楽しんでいただけたらうれしいと思います。今、「茶道の経験はないけれど、ときどき抹茶を点ててひとりで楽しんでいます」という女性が増えているそうです。それでいいと思います。お作法など知らなくても抹茶は楽しめますし、その味わいとひとときからは、きっと癒しの効果が得られると思います。

そして、手軽に気が向いたときに楽しめるよう、簡単なお茶セットを用意することを提案します。お茶セットは、お盆やトレイに茶碗、抹茶、茶筅《ちゃせん》、茶杓を用意すればいいのです。

茶碗は、専用のものである必要はまったくありません。抹茶茶碗ほどの大きさ、深さがあれば、お手持ちの器なんでも結構です。もちろん洋食器でも。抹茶は、予算に合わせて、最初はお安いものでいいでしょう。茶筅と茶杓は、代わりのものがありませんのでお求めください。お湯はポットやハイキング用の魔法瓶で結構です。棗《なつめ》も、蓋つきの小さな容器があれば十分ですし、私はときどきウェッジウッドを使って遊んでいます。

抹茶の点て方のポイントは、茶筅を回すのではなく前後に振ること。混ぜるのではなく、一定方向に動かすだけです。きれいな泡が立てば上出来です。

茶筅を使うとよく泡が立ちますが、私はカプチーノ手前というものもいたしました。温めた牛乳がよく泡立って、おいしいカプチーノができます。ココアだって、きれいにダマがなくなります。お茶だけでなくコーヒーや紅茶、ココアで楽しむ日があってもいいでしょう。いろいろ試して、楽しんで、お茶の時間を長続きさせてほしいと思います。

私は茶道を長年やらせていただいていますが、もちろんコーヒーも紅茶も楽しみます。

紅茶は、プレゼントされたピューターのポットでいれていますが、ピューターは保温力があって、葉がよく膨らむのです。このポットは、料理教室の生徒さんたちが「先生、なにがいいですか？」と聞いてくださったので、遠慮せずにリクエストしていただいたひとつなのです。バカラのグラスもいただきものです。「プレゼントはなにがよろしいですか？」という場合、とかく日本人は遠慮して「いいえ、結構です」とか「何でも結構です」と返事しがちですが、贈る方もせっかく差し上げるのなら喜んでもらえるほうがいいわけですから、はっきり意思表示をしたほうがいい、と私は思います。

あまり高価なものをお願いするのは無神経ですが、『本当に欲しいのは銀のセット、でも必需品ではないので、ピューターのほうがかわいいから使わせていただきます』というようなものをいただき、いつまでも大切に使い続けると、贈った方も喜んでくださるはずです。あなたが「プレゼントはなにがいい？」と聞かれたら、お茶の道具のひとつなどをオーダーなさってみてはいかがですか。

お茶につきものなのがお菓子です。いろいろな店のおいしいお菓子をいただくのも結構ですが、手作りのお菓子はひと味もふた味も違います。『和菓子は大変そう』と思われる方も多いでしょうが、たとえばごま豆腐に黒蜜と黄粉《きなこ》を添えれば、おいしい和菓子のできあがりです。こんな楽しいアイディアも、気軽に試していただきたいと思います。

第五章

和の工夫 料理に生かす 三か条

一、料理の基礎を身につける
一、素材を知る
一、食べる人を思いながら作る

◉三カ月で和食上手になるために

世の中には、料理好きと料理嫌いの人がいます。もちろん、他のさまざまなことについても好き嫌いはあって、嫌いなものはできるだけ好きになったほうがいい、とはいいきれないと思います。が、料理は生きるために必要不可欠ですし、同じ食べるなら誰でもおいしいもののほうがうれしいのですから、できれば好きとまではいかなくても苦痛でなくなれば、本人のためにも、料理を楽しみにしている人のためにも喜ばしいことでしょう。料理嫌いの方は、料理上手になる前に、まず楽しんで料理ができるようになっていただきたいのです。

どんな美食も、有名シェフの料理も、毎日続いては飽きてしまうでしょう。けれど、それが母の料理、妻の料理なら飽きることはありません。逆に、その味がいつしか家庭の味、おふくろの味となって味覚に根づき、なつかしく思われる日もくるのです。家庭料理とはそういうものです。

『毎日、三度三度食べても飽きない料理、そういう料理こそおいしく作りたい』と思いませんか。ここで私がいいたいのは、自分の生まれ育った国の伝統料理、和食こそ、基本のレパートリーとしてきちんとマスターしていただきたい、ということです。

料理上手になるポイントは「基礎を身につける」「素材を知る」「食べる人を思う」の三つだと思います。

基礎とは、たとえば主食のごはんをおいしく炊く、きちんとだしをとる、基本的な煮ものや焼きもの、和えものなどはレシピなしで作れるということです。多くの家庭料理は、創作というより応用です。基本の料理がしっかりできれば、応用も自在なのです。

料理に付け焼刃は通用しません。「いい結婚話が決まったから、三ヵ月で料理上手にしてほしい」と請われたことがありますが、一度も台所に立ったことがない、料理上手になることが結婚条件のひとつに過ぎないと考えている人を、〇から三ヵ月で料理上手にすることはさすがに自信がもてずにお断りしました。

料理は、毎日の積み重ねと、なにより本人のやる気が大切です。そして、きちんとした基本から始めることです。崩れたところから始めると、あとは月日を重ねても崩れが大きくなるばかりです。

素材についても経験を重ねて身につくことであって、旬、産地、質、料理に合っているかどうかを、売り場で瞬時に選び分ける選択眼を育てなければなりません。

たとえば肉じゃがを作るときにも、「じゃが芋は男爵？　メークイン？　今はどこの産地のものがいいの？」など、いろいろ選ぶポイントがあります。よい素材を選ぶためには、数多く見て、売り場の専門家に教えていただいて「目」を養うしかありません。同じ値段を出して買うのなら、より品質のいいもの、よりおいしいものをと考えるのは当然ですから。

食べる人を思いながら素材を選び、料理をする。これがなかったら、料理はなんて空しい行為でしょう。お腹《なか》がいっぱいになればいい、栄養のバランスがとれていればいい、そういう料理がおいしいでしょうか？

たとえば入院食。もちろん、作る人は入院患者のことを思ってはいるのでしょうが、そこはやはり栄養のバランスや予算、カロリーなどを優先した食事ですから、「病院の食事はあまりおいしくない」という印象の内容になってしまいます。

三つのポイントを頭に入れながら料理をやっていただければ、きっと料理嫌いの方も、料理が苦手な方も、三ヵ月後には「最近、料理がうまくなったね」といわれるでしょう。そういわれることは、本人にとっても大きな幸せだと思いますし、料理の腕のステップアップへのきっかけになるはずです。

素材を生かす

日本には四季がある、と最初に書きましたが、四季があるから旬があり、旬のとりどりの素材に恵まれた幸せを感じます。一年中暑い国、寒冷な国では、とれる素材の幅もグッと少なく画一的になるはずです。

今は、昔では考えられないほど流通が発達し、国中からはもちろん、海外からもあらゆる素材が手元へ届けられ、さまざまな味覚を楽しむことができます。が、やはり自分の住む土地で収穫された、とれたての素材を味わう楽しみ、安心感に勝るものはありません。

素材は、大地や太陽や雨、風、育ててくださる方やとってくださる方、運んでくださる方など、さまざまな自然や人々の恩恵を受けて私たちの食卓へたどり着くのです。その素材をおろそかに扱うことはできません。素材を生かす、ということはその恩恵に報いるように料理することでもあります。

それは、素材を大切にすることです。新鮮なおいしいうちに食べることです。そして、味わいを生かして料理をすることでしょう。

たとえば風呂ふき大根や里芋白煮では、思い切って大根や里芋の皮を厚くむきます。が、これは素材を生かすことと矛盾することのように思われます。まして、家庭料理では『もったいない』と考えてしまいがちです。その結果、中途半端な厚みに皮をむき、味がいまひとつ、食感が悪いというできあがりになってしまいます。

素材を生かすということは、皮を使った料理――大根皮のきんぴらや里芋の皮の味噌汁――をもう一品作るという工夫でクリアできるのです。そして皮を厚くむくことで、その料理に合った本当においしいと感じられる料理にすることが、素材を生かすということになるのです。そのあたりのことを、家庭料理というと勘違いしがちですが、もう一度お考えいただきたいと思います。

さらに、食べる人がおいしく食べられるように料理するということもあります。

たとえば、歯が弱くなったお年寄りのために、コリッとした歯ざわりがおいしい蓮などを、くたくたにやわらかく煮るということがあります。これは、お年寄りへの思いやりから生まれた料理法でしょうが、蓮はやはりある程度のかたさも味わいのうちです。こんなときは、お年寄りにも容易に食べられる大きさに切り、歯応えは生かして料理することが、本当に料理を楽しんでもらうことになるでしょう。

食べ物については、悔しいけれど昔の人にはかなわない、という思いがあります。本当に素材を生かす、本当においしい料理は、すでに昔の人が作り出してしまっているからです。ですから、素材を生かす料理が作りたいなら、まず昔から受け継がれてきた料理法をマスターし、どんな調理法が、どんな調味料がその素材に合うのかを知り、そのうえで応用することが大切だと思います。

素材を生かす、ということにはもうひとつ、素材をできるだけ残さず使い切るということもあります。

たとえば私は、だしをとった昆布で佃煮を炊きますし、かつお節はカラカラになるよう日に当ててふりかけを作ります。大根の皮も、きんぴらや塩もみの即席漬けになります。もちろん、葉もゆでて細かく切りごはんに混ぜれば、菜飯《なめし》に変身です。

こんなふうに皮や葉まで使い切ろう、という気にさせるのは、大根が新鮮だからこそ。それも忘れないでいただきたい、素材の扱い方のポイントです。

CHARLEMAGN

旬の素材と親しくなる

今、若いお嬢さんに「トマトの旬は？　きゅうりの旬は？」と聞いても、おわかりになる方は少ないでしょう。いわゆる定番野菜は、野菜売り場に一年中そろっているのが当たり前になりました。自分で積極的に旬を知ろうとしなければ、旬はわかりづらい時代です。

ですが、旬を意識して食べてみれば、味の違いはわかるはずです。旬を知らずに、店頭にあるものを漫然と買ってきて食べていては、その違いはわからないでしょう。

たとえば、きゅうり。このサラダに欠かせない野菜の旬は夏です。夏のきゅうりはみずみずしく、パリッとした歯応え、青臭い味わいが暑い季節にマッチし、おいしく感じられるでしょう。でも、冬のきゅうりはどこか歯応えが頼りなく、冷え冷えとした味わいも寒い季節向きではありません。

味わいがもっともよくなるのが旬ですが、価格も一番安くなるのが旬。一年中で一番たくさん収穫されるから、安くなるのは当然です。

とくに魚のように鮮度が命の食べものは、大漁のときは価格を下げても一気に売りさばかなければなりません。冷凍技術や生簀《いけす》の発達の恩恵を受けた魚は、売り時も調整され、価格も安定していますが、やはり新鮮な生の魚のおいしさ、近海もののおいしさは、日本人なら忘れてはいけないものではないでしょうか。

もっともシンプルな焼き魚という料理にしてみると、違いははっきりします。高級魚といわれる鯛の養殖ものと大衆魚といわれる近海ものの鰯《いわし》。家庭料理なら鰯を選びます。それは、安くておいしいから。単純明快な答えだと思いませんか。

実はかつて、私は魚屋さんで働かせていただいたことがあるのです。まだ、懐石の店を始める前ですが、魚屋や料理屋をやっていらっしゃる方と知り合ってお願いしたのです。早朝は四時半からの築地通いと午前中、夕方数時間ずつのパート。おかげでとてもいい魚の勉強ができました。それが今、どれほど役立っていることか。

旬の素材と親しくなる、ということは、おいしいものを安く入手するということ。味を考え、家計を考えるなら、ぜひ素材ひとつひとつの旬を知ることから始めてください。

旬の素材ということで、最後にひと言申し添えたいのは、最近よく使われているという冷凍野菜のことです。「旬を大切に」というからには、「冷凍野菜などもってのほか」と考えるのが当然かもしれませんが、私自身、冷凍枝豆をいただいて、そのおいしさに驚いた経験があります。お高く、実も小さかったり、ふぞろいだったりする走りの生の枝豆より、よほど便利でおいしかったのです。

聞いてみますと、冷凍野菜は旬の一番その素材が出盛っている時期に収穫し、即時冷凍されているとかで、そのために価格も安く、いつでも旬の味がいただけるのだそうです。

まさに旬の野菜があるのに、わざわざ冷凍になった野菜を使うのは賛成できませんが、なにごとも『やらないよりはやったほうがいい。たとえ冷凍ものを使っても』と思います。それにきっと、料理をやっていくうちに冷凍ものではもの足りなくなって、『みずみずしい旬の野菜で作ってみよう』という気になるはずですから。

ほんものの味とは

ほんものの味とは、風土にはぐくまれ、人々の中にしっかりと根づき、いつまでも変わらず残っていく味ではないでしょうか。たとえば、炊きたてのごはんと味噌汁のように。

そしてそれは、自然が与えてくれる味ではないでしょうか。昔はそれが当たり前、というよりそれしかなかったのですが。だしをとるにも昆布やかつお節、干し椎茸を使っていました。野菜も旬にしかとれず、しかも露地ものです。魚や肉をはじめとするあらゆる食べものの冷凍技術も、できあがった料理のレトルト技術もありませんでした。

ですから、住まいの近くでとれたものを使って、できたてを食べることが、ごくごく普通のことだったのです。今は、科学の発達のおかげで、手間をかけず、時間をかけず、手軽にさまざまな料理が味わえる時代です。しかも、高級料亭といわれる店の料理でさえ、デパートで気軽に買える時代です。

もちろん、ときにはそんな味を楽しむのもいいでしょう。疲れたとき、忙しいとき、いやいやながらや不満たらたらで料理をするくらいなら、外食をしたり、便利なインスタント食品やテイクアウト料理を利用するほうが、作る人にとっても、料理を待っている人にとっても精神的にハッピーなことではないかと思います。

しかし、台所に立たないでいると、どんどん料理から離れていってしまいます。とくに今は、自分で作らなくてもいとも簡単に食べものが手に入る時代ですから。手間がかかるから、とほんものの味を遠ざけてしまうことはなさらないでください。料理屋で『おだしがおいしいわ』と感じたら、『やっぱりお店だから』ではなく、『時間があるときに、私もこのおだしに挑戦してみよう』と考えてほしいのです。

だしは和食の基本ですから、だしがとれるようになれば、汁ものはもちろん、煮ものも、合わせ調味料も、和えものも、みんなおいしくできるはずです。今ではもう、家庭でほんものの味に触れる機会がないとしたら、プロの料理を味わってほんものの味を知ることも大切でしょう。そんなときは、思い切り贅沢をしてほしいと思います。手頃な料金のミニ会席やランチコースに幾度も行くなら、まとめて一度、最上級のコースを味わってみてください。そこから得るものは、ミニ会席を一〇回食べても得られないもののはずです。しつらいやほんもののサービス、もてなしの勉強もできるでしょう。

ほんものに似せて作った味は、あくまで似た味であって、そこに本当の味わいやコクはありません。ほんものの味を知り、ほんものの味に自分の手で挑戦する。それは、あなた自身も、家族も、お招きを受けるお友達も幸せにすることだと思います。

自然の恵みであるほんものの素材を使い、ほんものの調理をした料理も「ほんものの味」といえます。『そういう手のかかりそうな料理は外食で』というのは寂しすぎます。私が懐石料理の修業を始めたのは、「ご馳走」の原点に帰りたかったからです。ご馳走とは、走り回って食材を集め、料理を調えるという意味です。『自分で学んで、自分でいい素材を選んで作りたい』と思ったからです。

ほんものの味は、やった分だけ、努力の分だけほんものになるのです。ですからまず、自分が食べものになにを望んでいるのか、なにが知りたいのか、をはっきりさせなければ自分のものにできないと思います。それがはっきりしないうちは、修業を重ねても無駄になるでしょう。

さらに、ほんものの味には季節がある、ということもいえます。パッと見ただけで季節を感じる料理。旬の素材、季節にかなった料理法、器、盛りつけ、すべてがそろって初めて季節のある料理になります。たとえば平目《ひらめ》のお造りでも、初夏の頃には青磁《せいじ》などの涼しげな器に昆布締めにしたものを拍子木切りにし、筏のように盛りつけて「平目の筏造りでございます」とお出しします。初夏の谷川、そこに浮かぶ筏、周りの山々には新緑があふれ……、料理を見てそういう想像ができる、たったひと皿の上に盛り込まれた風情が日本の料理なのです。

五味のバランス

五味とは、甘い、辛い、酸っぱい、苦い、塩辛いの五つの味をいいます。これが、味の基本になるわけです。料理によって、ひとつの味が単独のこともありますが、ごく稀《まれ》です。ほとんどの料理は、ふたつ以上の味が複雑に絡み合って旨みとなっています。

単独の味といえば、たとえばきゅうりの塩もみ、魚の干ものなどの塩辛味が一般的です。甘いだけに思える煮豆も、ほんの少しの塩味が隠されています。ごく一般的な煮ものや焼肉のたれなども甘辛い味です。基本的なサラダのドレッシングでも、塩辛味の塩、辛味のこしょう、酸味の酢と、三つの味が混ざっています。

五味は、成長の過程で当然味わい分けられるようになっているはずですが、組み合わせた味を料理で再現するとなると簡単にはいきません。どれをどれだけ、という按配《あんばい》があるからです。同じ味の組み合わせでも、それぞれの量によって味は大きく変わります。一番おいしいと感じる味が出せるようになるための早道は、一番おいしい味を知ることです。その先生はお母さんでもいいでしょう。あるいは料理の本、プロの味を食べてみることかもしれません。ただ、教えを忠実に守らなければ、いつまでたっても「この味」と思える味には到達できないと思います。ある程度満足できる味が再現できて初めて、あなた好みのアレンジを加えることができると考えてください。

手量りや目分量で料理の勘を育てる

「料理がどうも苦手」という方は、下ごしらえをはじめとするいろいろな手間をめんどうに感じるようです。

そんな方は、料理は毎回チャレンジ！　と思われてはいかがでしょう。料理は、実にクリエイティブな作業です。同じ料理を作っても、毎回微妙に味は違います。同じ材料でも、調味料や作り方を変えれば、まったく別の料理になります。まったく同じ材料、同じ調味料、同じ作り方でも、作り手の気分でできあがった味は違ってきます。料理は単純作業ではありません。

私のチャレンジのひとつは、目分量で勘を養うことです。これが大さじ一の分量と目分量で量り、実際に大さじ一かどうか確認していくことを繰り返せば、勘は徐々に鋭くなっていきます。目分量でも、間違いのない味つけができるようになります。一五分間蒸す、というときも、タイマーを使いながら勘で計る訓練をするのです。タイマーとほぼ同じときに『そろそろ一五分』と感じるようになれば、時間の勘も養えたことになります。

料理は、材料や水、火を使って感触を、刃物を使って神経を、匂いをかぎ分けて嗅覚を、味をみて味覚を、音を聞き分けて音感を、と五感をフルに使う作業です。ですから台所は、感覚を養い、鋭敏な感覚を育てる身近で最高の修練の場だと思っています。

個性を主張しすぎるブランド調味料は使いません

今は流通が発達したこともあって、全国各地のさまざまな調味料が手に入るようになりました。その中には、調味料のブランド品といわれるようなものもあります。が、私はあまり特別な調味料は使いません。

それは、調味料の個性が出すぎると困るからです。ひとつには、調味料が出しゃばりすぎて素材の味わいをわかりにくくするということ。また、他の調味料とのバランスが悪くなるということがあります。

さらに厳密にいえば、調味料にも地方色があるということです。調味料と素材、これは明らかに素材が先にあって、調味料がそれに合わせて作られたのです。しかも小さな島国とはいえ、南北二〇〇〇キロの日本では、収穫されるものが大きく違い、それぞれの土地でとれる素材に合わせて調味料が作られました。ですから、北の調味料が南の素材に合うとは限らないのです。

たとえば、「しょっつる」や「いしる」のような魚醤《ぎょしょう》。若い方には東南アジアの「ニョクマム」と同じようなものといったほうがいいでしょうが、このような味に個性がある調味料は、他の土地でとれる魚とも相性がいいとはいいきれないのです。

そのような理由で、私は一般的に市販されている調味料の中から、素材や製法が安心できるものを選んで使っています。郷土料理の店ではなく、不特定多数のお客様を迎える料理屋としても、特殊な味は避けるべきですから。要は、素材が、季節に合った自分の場所を得て、適材適所にはまってくれるように料理してあげることです。そのために調味料は、なくてはならない助けになってくれるのです。

家庭でそろえていただきたい調味料は、塩、しょうゆ、砂糖、みりん、酢、それに酒です。もちろん、料理のレパートリーが増え、腕が上がっていくにつれ、使う調味料も増えてくるでしょうが、最低これだけはそろえてほしいのです。それも、「～風《ふう》調味料」ではなく、あくまで純正の調味料を。

調味料は、他の食材、たとえば肉や魚と比べてもお安いものです。けれど、味を左右する重要なもの。ですから、食材は出盛りの安いものを使って、調味料には贅沢をしてほしいと思います。

自然塩のすすめ

塩の専売がなくなって、さまざまな塩が販売されるようになりましたが、料理に携わるものとして大変うれしいことです。

塩は、なんといっても味つけの要《かなめ》ですから、より自然な塩、よりおいしい塩が使えることは、料理人冥利に尽きます。

私は、二種類の塩を使い分けています。

ひとつは、とっておきの味つけ用の塩。高知で細々と、海水から火を使わずに太陽で乾燥させて作っている飛びっきりの塩です。

もうひとつは、塩もみにするときや塩ゆでに使う天塩。自然塩は、ミネラル分も多く含まれ、体にもいい、舌にもうれしい塩です。ほんのり甘味を感じる自然塩の旨みは、塩むすびにするとすぐにわかります。

かつて私は、女子栄養大学の香川綾先生の講習を受けたことがあります。その折『なるほど、香川先生はすごい方だな』と感じましたが、その講習のひとつに塩分の話がありました。

人間の体液は、塩分が〇・九パーセントだそうですが、この数字が、人が塩分を感じる目安になるのです。薄味のスープなどは〇・七パーセント、茶碗蒸しが〇・八パーセント、甘塩の焼き魚は一・五パーセント、浅漬けが一・五〜二パーセント、即席漬けが二・五〜三パーセントくらいになりますから、この数字を覚えておけば、外食をしても塩加減でおおよその料理の塩分がわかると思います。

塩のとりすぎは腎臓に悪い、といわれていますが、自然塩は腎臓にいい、と聞きました。化学的に合成された塩は、腎臓の濾紙《ろし》のような働きをする部分に目詰まりを起こすのだそうですが、自然塩は浸透圧の加減で目詰まりを掃除してくれるのだそうです。また、精製塩は脱毛にも影響すると聞いたこともあります。

国内各地でいろいろな自然塩が作られ始めたことはうれしいことです。海外旅行に行かれる方も、フランスやイタリア、中国など各国昔ながらの自然塩がありますから、ぜひおみやげになさってはいかがでしょう。

料理別・塩分と糖分の割合

料理	塩分（%）	糖分（%）
煮豆	1	60〜100
乾物類の煮もの	3.5	10〜15
野菜の煮もの	2	6〜8
鯖の味噌煮	2〜3	8
炒り豆腐／ごま和え	1.5	5
煮浸し／おでん	1.2	1
厚焼き卵	0.8	6〜10
茶碗蒸し／吸物／炊き込みごはん	0.8	
魚の塩焼き	3	
浅漬け	1.5〜2	
即席漬け	2.5〜3	

濃口しょうゆと薄口しょうゆ

私は、かつては濃口と薄口の二種のしょうゆを使い分けていました。お椀の清汁や野菜の煮ものなどには薄口、魚の煮もの、肉じゃがなどには濃口というように。が、今は濃口しか使っていません。

それは、おいしい塩が手に入るようになったから。薄口を使っていた料理は、塩味だけのほうが旨みが感じられるのです。きちんととっただしと自然塩で、素材の味が生きる、味わい深いひと品に完成するのです。ですから、薄口しょうゆを使っていた料理は、今では塩だけで味つけをしています。

日本料理の基本的な味つけに大きな役割を果たすしょうゆは、丸大豆と自然塩で時間をかけて造られたものを選んでいます。安心できる材料と造り方で造られたしょうゆは、暑い時期にはカビが発生してしまいますから冷蔵庫で保存する必要があります。が、この手間こそ、安心の印だと思っています。逆に、どんな気候でもカビも生えない調味料は、かえってこわいものかもしれません。

砂糖とみりんの使い分け

料理のキャリアをかなり重ねても、「砂糖とみりんは、どのように使い分けるのですか？」と問われる方がいます。みりんは照り出しのため、と思っている方もいるようです。

私は、味を絡める料理には砂糖、味をしみ込ませる料理にはみりんと使い分けています。

味を絡める料理とは、汁気のないこってりタイプの肉じゃがやきんぴら、煮魚、すき焼きのように、比較的短時間で味をつけてしまう料理です。

一方みりんを使うのは、野菜の煮ものなどたっぷりの煮汁で調理するものです。ただ、煮ものは火を通しているときに味がつくのではなく、火を止めて冷めていく間に味がしみ込むのだということを覚えておいてください。ですから、本当においしい煮ものが食べたかったら、いったん冷まし、温めなおしたものを食べていただきたいのです。

同じ料理でも、砂糖とみりんを使い分けるものがあります。その違いは、地方によって、好みによって、仕上がりによってとさまざまです。

たとえば、肉じゃがには煮汁がないこってりタイプと、薄味の煮汁がたっぷりのタイプがあります。どちらにするかはお好みですが、煮汁たっぷりのほうが品よくは見えます。

砂糖とみりんを使い分けることで味の変化をつけ、今日は薄味ご馳走風に、明日はこってりと惣菜風に、と作り分けてみるのも、料理の知恵であり、楽しみだと思いませんか。

最後に、みりん風調味料とみりんとは別物です。みりんは飲むこともできるもの、みりん風調味料は飲めません。その違いは、味にも出てきますから、ぜひ本みりんをお使いください。

バラエティに富んだ味噌を使い分ける

調味料の中でも、味噌ほどバラエティに富んだものはないでしょう。ひと県にも幾種類もの味噌があります。素材別に分けると、米、大豆、麦ですが、米と大豆を合わせて造るものもあります。色にも、白、赤、黒とあります。味はおおまかに甘口、中辛口、辛口などと分かれていますが、ひとつひとつその味わいは千差万別、試してみなくてはわかりません。

おおよそ、西に行くほど甘口、東に行くほど辛口といえそうです。

味噌は、「これぞわが家好みの味」というものをみつけ、その一種を使うのもいいでしょうが、合わせ味噌にすると相乗効果でよりおいしい味噌汁ができあがります。

合わせるポイントは、異なる原料で造られたもの、遠く離れた地方同士のもの、色の異なるもの、と似たもの同士でない味噌を合わせるのがコツのようです。たとえば、九州の甘い麦味噌と信州や仙台の辛い米と大豆の味噌というように。ただし、合わせてはいけない味噌もあります。

それは、愛知の八丁味噌。八丁味噌は、独特の味わいがあって、その色から受ける印象より辛味は控えめで、寝かせる時間が長い分、深い旨みがあります。

私があずかる茶懐石料理では合わせ味噌を使いますが、毎月味噌の合わせる比率が違います。主に西京味噌と信州味噌を合わせますが、二月は西京味噌が多めで色は一番白く、徐々に西京味噌が減っていって色目も濃くなり、八月には八丁味噌だけです。これは、季節に合わせた見た目のことだけではなく、体が要求している辛味や甘味なのです。冬は汗をかきませんから、甘めがいいのです。

ただ、家庭用には田舎味噌もいろいろ使い、常時、信州味噌を中心に二、三種類の味噌を合わせて使っています。生徒さんには、今こそ日本の基礎を身につけていただきたくて、毎年、手造りの味噌に挑戦していただいています。

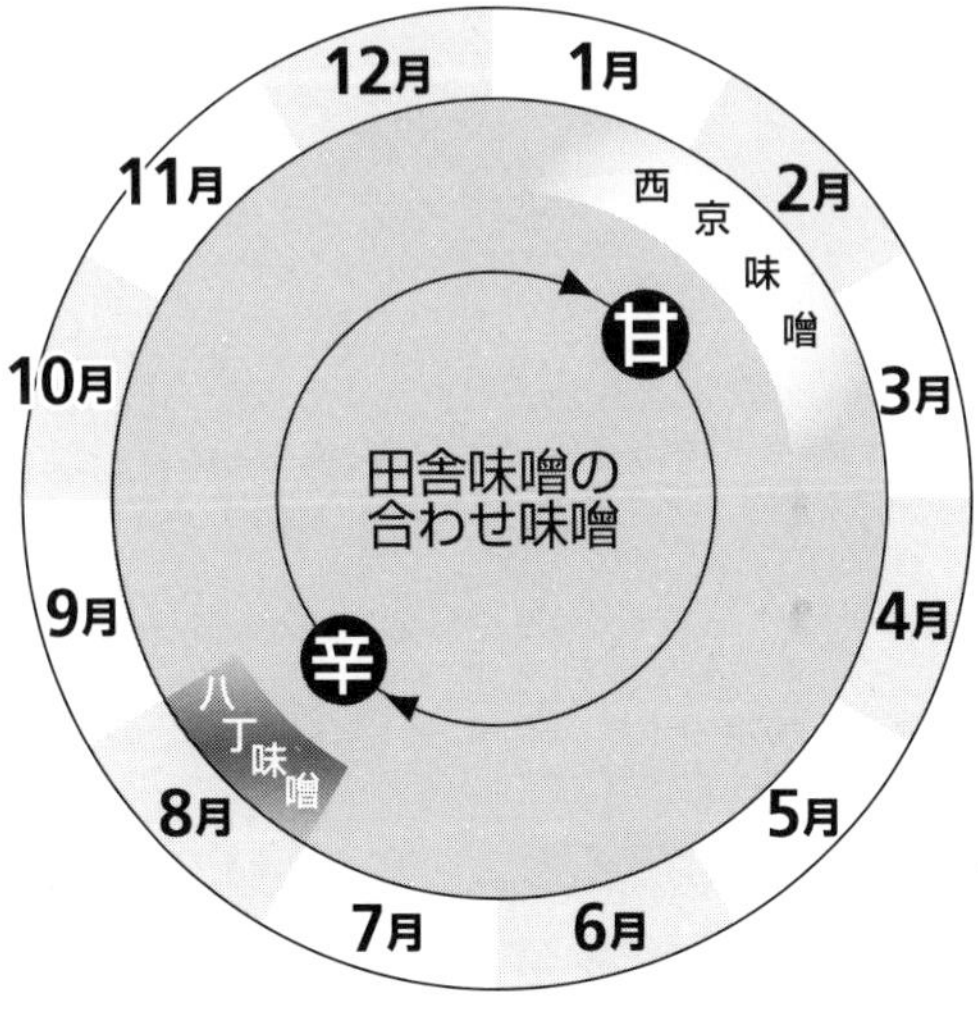

まろやかな酸味は米酢で

酢には、穀物酢や米酢、黒酢、果実から造られたワインビネガーのような酢などがありますが、私は主に二種類の酢を使い分けています。ひとつは食べる酢、和えものなどに使う合わせ調味料などには米酢を使います。また、締め鯖《さば》の鯖を締めるときなど、惜しげなくたっぷり使いたいときには穀物酢を使います。

種類によっては酸味が立っていて、口に入れたときに思わず「酸っぱい」というような酢もありますが、米酢はその点、酸味がやわらかいのです。地方には、少量生産で、いわゆる「いい酢」を造っていらっしゃるところもありますが、こういう酢には主張があって、酢の味が前面に出てきてしまいますから、私は使いません。酢を使う場合、たいていだしで割ったり、砂糖や塩、しょうゆと合わせて使いますが、他の調味料とのバランス、素材とのバランスがとれている調味料こそ「いい調味料」といえると思います。

以前、地方で料理講習をさせていただいた折、「これはいいお酢なんですよ」とその地方の名産の酢をお持ちいただいたことがありますが、ごく普通の酢のものの場合、料理全体の味のバランスを壊してしまうようです。もちろんその酢は、その地方独特の料理に使えば、最高の味を引き出し、絶妙の一品となるのでしょう。

お酒は多目的な調味料

お酒を料理に使う目的は、臭み消し、風味づけ、素材をやわらかくするためなどです。魚の煮つけや肉の下ごしらえに使うのは、臭み消しのため。煮ものに調味料といっしょに入れるのは、風味をよりよくするため。かたい肉を酒に浸《つ》けておくのは、やわらかくするためです。ですから、お酒は「あれば使う特別な調味料」ではないのです。常備してほしい調味料です。

たとえば、傷みやすい鶏肉の保存にも最適です。買ってきた鶏肉に、ほとんど塩味を感じないくらいの薄い塩と酒を振って一枚ずつラップで包み、冷凍してください。これで、すぐに臭みのないおいしい焼きものや親子丼、茶碗蒸しの具などになります。魚を冷凍保存する場合も同様です。

料理酒というものがありますが、これは、税法上の関係でお酒に塩が入っているものと考えてください。ですから、料理酒を使う場合は塩やしょうゆの量を加減しなければいけません。できれば、飲酒用とは別の求めやすいもので結構ですから「酒」を料理用にも用意していただきたいと思います。

甘酢、めんつゆ、マヨネーズも大活躍

同じ材料を使っても味の変化がつけられる合わせ調味料をいくつか覚えていると、料理のレパートリーがグンと広がります。たとえば和えもの。同じきゅうりとタコの組み合わせでも、今日は甘酢和え、明日は梅マヨネーズ和えとまったく違った料理に仕上げることができるのです。

私がよく利用する合わせ調味料に「甘酢」があります。これは、みりん一カップを約半量になるまで煮詰め、米酢半カップを入れてひと煮立ちさせて小さじ一の塩を加え、塩が溶ければできあがりです。瓶などに入れて冷蔵庫で保存すれば、いろいろ重宝するでしょう。

「二杯酢」は、米酢としょうゆを同量合わせたもの。米酢の代わりに柑橘系のダイダイや柚子《ゆず》、カボス、スダチなどを使うと香りもいい合わせ酢になります。米酢と柑橘の絞り汁を合わせて使ってもいいでしょう。

「三杯酢」は、二杯酢に甘酢やしょうゆ、だしなどを加えたもの。材料や使い方に合わせて、加えるものとその分量を使い分けます。

「南蛮酢」は、小魚の南蛮漬け、揚げもののたれ、切干し大根のハリハリ漬けなどに使えます。作り方は、甘酢に好みの量のしょうゆと赤唐辛子の輪切りにしたものを加えるだけ。

「めんつゆ」は、そばやうどんをいただくときにはもちろん、丼ものやきんぴら、すき焼きの割

り下、煮ものなどにも利用できる便利調味料です。まず、みりん一を火にかけてアルコール分をとばし、しょうゆ一、だしを三～四の割合で入れ、ひと煮立ちしたらできあがり。そばの場合は濃いめがおいしいので、だしを三としましょう。

　市販のマヨネーズもひと手間加えると、手作り感覚の素材とよく合うおいしいオリジナルソースに変身します。合わせるものは、しょうゆ、青じそ、味噌、梅肉、さらし玉ねぎとパセリ、細かく切った佃煮、たらこや明太子、ピクルスとゆで卵などです。ゆでた野菜や蒸し鶏、ゆで豚と合わせて和えものに、朝食のパンに、魚料理や肉料理に、どのソースが一番ピッタリか探してみるのもいいでしょう。

「ドレッシング」の基本は、広口瓶にサラダオイル一カップ、米酢大さじ三、砂糖大さじ二、

合わせ調味料の配合

	しょうゆ	みりん	酢	塩	砂糖	油	辛子	こしょう	卵黄
甘酢		2	1	少々					
二杯酢	1		1						
三杯酢	1		1	適量 ＊料理に合わせだしや甘酢を使い分ける					
きんぴらだれ	1	2~1							
甘辛焼きだれ	1	1							
酢飯合わせ酢			15	1	6				
ドレッシング			3	1	2	13	1	少々	
マヨネーズ			1	少々		13	少々	少々	1

塩大さじ一、粉辛子大さじ一を入れてよく振ります。これに、にんにくの薄切りを入れればにんにく風味になり、同様にしそ、ごま、あさつき風味などができあがります。いずれも加熱しませんから、香りや風味が出やすいように包丁で切って加えてください。

何種もの合わせ調味料といっても、基本のものがあって応用がいろいろという場合がほとんどです。ですから基本を覚えれば、一気にレパートリーは広がったようなもの。ぜひ、毎日の食卓に活用していただきたいと思います。

ほんもののごはん

日本人なら、やっぱり食事の原点はおいしいごはんです。どんなに豪華なおかずをそろえても、ごはんがおいしくなければその食事は失敗。肝心要がごはんなのです。

そして、おいしいごはんを炊くためには、米選び、保存、研《と》ぎ方、浸水、炊き方、蒸らし方、それぞれにポイントがあります。

いわゆる銘柄米はたしかにおいしいものですが、あとの作業がうまくできなければいい米も無駄になってしまいます。また、人によってかたいごはんが好き、もっちりしたごはんが好きなど好みはさまざまですから、たとえば、誰にとっても「新潟南魚沼のコシヒカリが一番！」とはいいきれません。地元の米、各地の銘柄米など試して、自分の好みに合う米をみつけてください。

保存は、冷暗所で防虫を考えて。大量に保存すると、どうしてもだんだん味は落ちていきますから、短期間で使い切る量を目安に、できるだけこまめに新しい米を買うようにするといいでしょう。とくに高温多湿の梅雨から初秋にかけては、まとめ買いは避けてください。

私が声を大にしていいたいのは、米の研ぎ方です。米は洗うものではなく、研ぐもの。これで、かなりごはんの味が変わるのです。

米を無心に研ぐ時間は、今日の料理のこと、それを食べる人のことを思う時間だと思います。

ドクターにうかがったことがありますが、手術前のドクターはそれは丹念に手を洗います。でも、洗ったあと滅菌された手袋をするのですから、乱暴ないい方をすれば必ずしも丁寧に手を洗う必要はないのです。でも洗う理由は「手を洗うことに時間をかけながら、手術する人のことを考えている」のだそうです。そんなお話を聞いて『ああ、お米を研ぐ行為といっしょだわ。相手を思う時間を作っていらっしゃるんだわ』と感じたものです。

さて、実際の米の研ぎ方ですが、米は乾燥していて乾いたスポンジのように水を吸います。ですから、米についた糠が溶けた水を吸うと、ごはんはどうしても糠臭くなるのです。ですから、手早く、米が糠臭い水を吸収する前に水を取り替えなければいけません。

最初は、ボールに溜めた水に一気に米を入れ、サッとかき回してすぐに水を捨てる。この作業を二～三回繰り返してください。これで糠を洗い流したら、研ぎに移ります。腰を使い、お腹に力を入れ、たなごころに米を縦に集める感じで手には力を入れずシャッシャッシャッと一〇～一五回研ぎます。

米は縦に筋が入っていますから、グルグル回すように洗ったり、上から押さえつけるように洗うと割れてしまいます。手のひらや指に力が入りすぎてもいけません。「おいしいごはんになりますように」「おいしいと食べてくれますように」と念じながら無心で、研ぎに集中してください。研ぎすぎは割れのもとですから、研ぎは一回。ですからなおのこと、一回できっちりと研ぐつもりで。

研ぎ終わったら水がきれいになるまですすぎ、約一時間水に浸してから炊きますが、夏は米の吸水率が上がりますから三〇分ほどでいいでしょう。

水加減は、好みのかたさによりけりですが、水分をたっぷり含んだ新米は控えめに、保存期間が長くなるほど米は乾燥していきますから、新米直前の夏の頃は水は多めに、が基本です。ごはんが炊き上がったらしゃもじで底から、ごはんをつぶさないようにかき混ぜ、余分な水分を取るために布巾をかけて一〇～一五分蒸らします。

保存が悪くて味が落ちた、どうもおいしくない、という米は、塩と酒かもち米を加えてみてください。塩と酒を使う場合は、できるだけいい自然塩を使うのがポイントです。塩の量は、一合にほんのひとつまみ、あるかなしかの味です。酒は、三合で小さめのお猪口一杯くらいで十分です。もち米は、米の一割程度混ぜ、普通に炊けばいいのです。

どちらを試しても「いまひとつ」というときは合わせ技で、もち米を混ぜ、塩と酒を入れてみてください。この方法は、あるところから依頼され「備蓄米をおいしく食べよう」という企画でいろいろと工夫し試した結果、生まれた炊き方です。

また、味が落ちた米は、炊き込みごはんにするという手もあります。昔、九州で「くつぞこ飯」というものをごちそうになったことがありますが、靴底のような平目を炊き込んだごはんです。生の平目を入れてしょうゆ味の炊き込みごはんにし、炊き上がったら平目の身だけをはずしてごはんと混ぜていただく、おいしいものです。他の白身の魚や貝類でも、米が魚介のいいだしを吸っておいしいごはんになるでしょう。ときにはチャーハンや炊き込みピラフ、ドライカレーなどのように、強い味つけのごはん料理に利用するのもいいでしょう。

主食のごはんを上手に炊く、これは料理の基本中の基本です。

最後に、最近「無洗米」が登場し、「将来はすべて無洗米に代わるのでは」ともいわれているようですが、米の研ぎ汁が必要なこともあることを覚えておいてください。筍や大根をゆでるとき、身欠き鰊《にしん》を戻すときなど、研ぎ汁は素材のクセを抜くために大活躍してくれるのです。

土鍋でごはんを炊く

土鍋で炊いたごはんのおいしさ、ご存じですか？

ご存じなければ、ぜひ試していただきたいものです。しかも、手間は電気釜とさほど変わらず、時間も二〇分ほどで炊き上がります。もちろん土鍋でなく、文化鍋やホーロー鍋のような厚手の鍋でも結構ですし、この炊き方をマスターしておくと便利だと思います。炊き方によっては、おこげというおまけもついてきます。

米の研ぎ方や浸水は、電気釜で炊く場合と同じです。肝心の火加減は、初めから中火にかけ、バアーッとふいてきたら弱火に落とし一四～一五分。五～一〇分蒸らしてできあがりです。ふいてくるまでに約五分、それに一四～一五分、蒸らしに五～一〇分と、三〇分もあればおいしいごはんがいただけるのです。土鍋は、鍋ものばかりでなく、いろいろな料理をおいしくしてくれますが、とくに炊き込みごはんにはおすすめの調理道具です。

また、和風ごはんアレンジの代表的なものにお寿司があります。

寿司に使うごはんはかためがおいしいので、水の量を控えめにします。かためがおいしいということ、味つきのごはん料理だということで、新米にこだわる必要もありません。

寿司のポイントのひとつは合わせ酢。

米三カップ分で、酢大さじ四、砂糖大さじ三、塩大さじ一弱が基本です。これらの調味料を混ぜ合わせて、砂糖や塩を十分に溶いて準備します。ごはんが炊き上がったら、飯台などのようにできれば木の容器にあけ、上から合わせ酢をかけ回し、蓋をして一〇分蒸らします。すぐにごはんを混ぜると、米の中まで合わせ酢が吸収できないからです。炊きたてに蓋をして閉じ込め、蒸れようとするときに合わせ酢をかけて放置することで、米はギュッと吸収するのです。一〇分たったら混ぜほぐします。

最初は米がパラパラの感じですが、やがて重みを感じるようになったらうちわで扇《あお》いでください。最初からうちわを使うと、合わせ酢の味が米粒の表面にしかつきません。五目寿司の場合は、寿司飯が人肌くらいの温度になったら具を合わせましょう。

また、魚介の具を中心にしたお寿司なら、甘味は控えめのほうが具に合うでしょう。お寿司屋さんによっては、味つけには塩と酢しか使わないという店もあるくらいですから。

ほんもののだし

料理の基本は「だし」にあります。汁ものはもちろん、煮ものも、焼きものや揚げもの、蒸しもののたれや味つけにも、だしは欠かせないものです。そして、だしは丁寧にとった分だけの価値があります。

味噌汁や清汁もそうですが、煮もので試してみるとはっきりとわかるでしょう。それに、昆布とかつお節でとっただしは、人間の体液の塩分〇・九パーセントとほぼ同じでヘルシーなのです。

私は、だしをとるために基本的には昆布とかつお節を使います。

昆布は、真昆布《まこんぶ》、利尻《りしり》昆布、羅臼《らうす》昆布が濁りが少なく味わい深いだしがとれる上級品ですが、家庭用なら日高《ひだか》昆布で十分です。

かつお節は、使うたびに削るのが香りの点でも一番ですが、量を多く使う私の家では、築地から血合いのない削り節を取り寄せて使っています。ご家庭用なら、血合いが少々あってもよろしいでしょう。

懐石のお茶事に使うだしは、五人分として水二リットル、昆布四〇～八〇グラム、血合い抜きの削り節四〇～八〇グラムを使います。だしのとり方は、以下の通りです。

❶ 水を火にかけ、人肌くらいに温まったところで昆布を入れ、沸騰してきたら昆布をすぐに引き上げる。

❷ 湯温を下げるためにお猪口一杯の水を差し、削り節を一気に加え、一〇数えて火を切る。削り節を入れて煮立たせると、臭みや苦味が出て味が落ちるので、湯温を下げて削り節を加え、沸騰したらすぐに火を切るのがポイント。

❸ 二分置いて上澄みを漉したものが一番だし。

一番だしは、椀ものの清汁に使いますが、残っただしは、煮ものや味噌汁などに使い切ってしまいましょう。

二番だしは、水一リットル、残った昆布と削り節、新たな削り節（追いがつお）ひとつかみでとります。追いがつおは、香りと旨みを足すためのものです。

❶ 水と残った昆布、削り節を火にかけ、沸騰してから四分ほどグラグラと煮る。

❷ 最後に削り節をひとつかみ加えて火を切る。

このだしは濁っていますから、煮ものなどに使うといいでしょう。

さて、残った昆布とかつお節ですが、そのまま捨ててしまうのは忍びないので、どちらも佃煮にします。かつお節は、天日干しにしてパラパラになったものを砂糖としょうゆを加えて乾煎《からい》りにし、ミキサーにかけてごまや松の実などを混ぜると、立派な一品です。

だしは、乾物からもよく出ます。干し椎茸はもちろん、かんぴょう、切干し大根、芋茎、きくらげ、ヒジキなどがそうです。切干し大根の煮ものなど、このもどし汁で煮れば、他にだしは必要ありません。乾物をサッと洗ったら、もどし汁は捨てないでだしとして使ってください。私は和食が専門ですが、いい味のだしが出る干し貝柱や干し海老のような中華材料も、料理によっては活用しています。

天日干しにされた乾物は、ビタミンDやEが豊富ですし、それ自体に旨みがありますから、そっくりそのままいただかない手はありません。

乾物をもどすときの倍率ともどし方

食品名	倍率	もどし方
干し椎茸	約4〜5倍	水洗いし、水またはぬるま湯に2時間以上浸ける
きくらげ	13倍	水洗いし、ぬるま湯に30分浸ける
凍り豆腐	5倍	自然凍結品と機械凍結品があり、包装の表示通りに
干しぜんまい	6倍	たっぷりの水に一晩浸け、水を替えて7〜8分ゆで、 火を止めたら上下返して冷めるまでそのまま置く
干し湯葉	3倍	水またはぬるま湯に通し、ザルに上げておく
かんぴょう	7〜10倍	水洗いし、塩もみしてすすぎ、透き通って爪が立つくらいまでゆでる
春雨	5〜6倍	手でさばいて熱湯に3分間浸ける
切干し大根	5倍	ゴミを取って水洗いし、15分間水に浸ける
ひじき	7〜10倍	水に約10分間浸ける

ほんものの味噌汁

味噌汁は、ごはんと並んで家庭料理の要となるものです。それだけに、自分の生活に合った味噌汁がいい味噌汁、ほんものの味噌汁だと思います。日頃野菜不足になりがちな人は野菜のたくさん入った汁、朝忙しい人は「これ一品でおかずは十分」という具だくさんの汁を考えましょう。また、「味噌汁は構えて作るものではない」ということもいえます。そして、旬の素材をどう生かすか、主食とのバランスは、冷蔵庫整理の一品にならないかなど、あなたの知恵試し料理ともいえるのです。

もちろん、味噌の味が強いからといってだしをいい加減に考えては困ります。きちんとだしをとった味噌汁と、そうでない味噌汁を飲み比べてみれば、味の差は歴然としています。味噌汁が苦手、作るのがめんどうという方でも、きちんととっただしの味噌汁を飲めば『一日一回は作りましょう』という気になるのではないでしょうか。昆布と削り節でとっただしはもちろん、煮干し、干し椎茸などのだしや、だしの素と味噌を合わせた味噌玉に白湯《さゆ》を注ぐだけでも食卓が滋味溢れたものになります。

朝、「忙しくてだしをとっている時間なんてないわ」という方は、前夜の夕食のためのだしを多めにとって残したり、昆布とかつお節にこだわらずに煮干しなどを水に浸けて用意したりと、効率のよい準備をすれば手間はグンと省けます。

　味噌は、調味料の項でも述べましたが、私は西京味噌、信州味噌など田舎味噌の合わせ味噌、八丁味噌を使っています。冷蔵庫の味噌容器には常時三〜四種の味噌を入れておき、具や気候に合わせて組み合わせを変えて使いますが、冬は西京が勝った甘めの白っぽい汁に、夏は信州が勝った辛めの赤っぽい汁へ、と季節によって徐々に色も味も変えています。

　独特の風味がある八丁味噌に合う具は、やはり蜆《しじみ》が一番でしょう。粉山椒を振っていただくとよりさっぱりした味わいで、夏の暑さを乗り切れそうな気がしてきます。

　西京味噌も甘いだけに具を選びますが、とくに合うのはもっちりした食感の生麩《なまふ》や鱈《たら》の白子、芋類などです。西京味噌の汁は、いってみれば和風ポタージュですから、牛乳や生クリームを加えてポタージュに合う具を入れると立派な和風スープ。トマトやクルトンでもお試しください。

　信州味噌や仙台味噌に代表される赤くて辛い田舎味噌は、比較的なんでも合います。とくに野菜、根菜はおいしいものです。魚を使った味噌汁も、辛めの味噌が合います。

　全国各地にある味噌は、その土地でとれる食材に合った、気候に合った味に造られています。味噌汁というもっともポピュラーな料理に、特別な材料はあまり使いませんから、安価で扱いやすい食材に合うように味噌の味も育っていったはずです。

　味噌選びに迷ったときは、具の名産地や大量生産地がどこか、を思い出して、その土地の味噌や味の傾向を選ぶと間違いないでしょう。

吸い口は、味噌汁だからと省略しないでほしいものです。もちろんねぎで十分ですが、冷蔵庫にあれば、木の芽、柚子、みょうがなどを。それもない場合は、七味唐辛子や粉山椒、溶き辛子を使ってみてください。

頭の中で『こう』と決めつけないで、まずは手元にある素材で作るひと椀から始めてみましょう。基本があれば、レパートリーは少なくてよろしいのです。自分のオリジナルが工夫できるのですから。

さらに、具を選ぶときの基本として、やわらかい具とかたい具の組み合わせ——たとえば大根に油揚げ、じゃが芋に玉ねぎ、豆腐にわかめのような——が食感の調和のポイントになることを覚えておけば、おいしい味噌汁も自由自在です。

味噌汁365日！　組み合わせのヒント

＊相性のよい素材が複数紹介されている場合、すべてを使わなくてもおいしい味噌汁ができます。
＊牛乳仕立て＝味噌汁に適量の牛乳を合わせます。味がまろやかになり、スープとはひと味違うおいしさです。
＊アクの強い素材は下処理して具にしてください。

〈主材料〉	〈相性のよい素材、吸い口〉
鰺	ねぎ　みょうが　青じそ　粉山椒　七味
アイナメ	ねぎ　粉山椒
アオサ	切りごま
赤貝	粉山椒
アサリ	ねぎ
あしたば	油揚げ
アスパラガス	トマト　牛乳
厚揚げ	ねぎ　溶き辛子
（焼き）穴子	あさつき　粉山椒
油揚げ	かぶ　ねぎ　七味
鮎	下焼きして　刻み蓼
鮑	白髪ねぎ
アンコウ	ねぎ　七味
烏賊	ねぎ　粉山椒
イカナゴ	下ゆでして　ねぎ
イサキ	下焼きして　ねぎ
伊勢海老	あさつき
糸こんにゃく	しめじ　椎茸　ごぼう　にんじん　油揚げ　一味唐辛子
糸三つ葉	豆腐
鰯（つみれ）	ねぎ　ごぼう　にんじん　油揚げ　椎茸　しめじ　粉山椒　七味
いんげん豆	なめこ
ウインナー	牛乳仕立てで　じゃが芋　玉ねぎ　こしょう
うずら卵	じゅん菜
うど	アクを抜いて
うどん	ねぎ　七味
ウナギ	下焼きして　粉山椒
ウニ	あさつき　しそ
卯の花	ねぎ
エノキダケ	豆腐　油揚げ　ねぎ
エリンギ	網焼きして
オカヒジキ	豆腐　ねぎ

オクラ	納豆
おでん	刻んで汁の具に　ねぎ　溶き辛子
尾のみ（鯨）	七味
おぼろ昆布	ねぎ
カサゴ	ねぎ
カツオ	茄子　みょうが　粉山椒
カニ	ねぎ
貝割れ菜	豆腐
牡蠣	大根おろし　七味
かき餅（あられ）	のり
かぶ	かぶの葉
南瓜	油揚げ　七味
かまぼこ	もち　ねぎ　七味
カモ	ねぎ　七味
川海苔	ねぎ
かんぴょう	絹さや　油揚げ　ねぎ　七味
がんもどき	溶き辛子
菊	下ゆでする　豆腐
きくらげ	油揚げ　七味
キス	そうめん　あさつき
絹さや	油揚げ　七味
木の芽	筍
キャベツ	ベーコン
牛細切り肉	ごぼう　一味唐辛子
牛乳	じゃが芋　ベーコン　こしょう
きゅうり	冷汁仕立てで　切りごま　みょうが　青じそ
京菜	油揚げ
金糸瓜	切りごま
ぎんなん	厚揚げ
茎わかめ	豆腐　ねぎ
クリ	切りごま
クルミ	切りごま
クレソン	白ごま
クワイ	油揚げ
毛ガニ	大根　ねぎ
鯉	ごぼう　ねぎ
こごみ	下ゆでする
五三竹	油揚げ　粉山椒
小玉ねぎ	ゆで汁で味噌を溶いて

小柱	かき揚げの残りで　ねぎ　七味
ごぼう	油揚げ　七味
小松菜	油揚げ
こんにゃく	油揚げ　七味
桜えび	玉ねぎ
鮭	ねぎ
酒粕	にんじん　大根　こんにゃく　七味
サザエ	肝
ささ身	酒蒸し　白髪ねぎ
さつま揚げ	ねぎ　七味
さつま芋	ゆで汁で味噌を溶いて　ねぎ
里芋	柚子　溶き辛子
鯖	大根　しょうが
鰆	ねぎ　粉山椒
椎茸	生麩
しし唐	串焼きにして
蜆	水から火にかけ味噌（八丁味噌がよく合う）を溶いて　三つ葉　粉山椒
しめじ	豆腐　油揚げ
下仁田ねぎ	溶き辛子
じゃが芋	ゆで汁で味噌を溶いて　玉ねぎ
春菊	下ゆでして
じゅん菜	白玉団子
白魚	三つ葉　椎茸
ずいき	下ゆでして
せり	豆腐　なめこ
セロリ	冷汁仕立てで　セロリの葉
ぜんまい	油揚げ
そうめん	茄子　粉山椒
蚕豆	下ゆでして皮をむく
鯛	ねぎ
大根	油揚げ　ねぎ
平貝	あさつき
筍	わかめ　木の芽（粉山椒）
畳いわし	味噌玉仕立てのスピード汁に
卵	青ねぎ
鱈	霜振りして　柚子こしょう
たらの芽	下ゆでして
たんぽぽ	下ゆでして十分水にさらす
ちくわ	ねぎ　七味

つくし	下ゆでして水でさらす
つまみ菜	
つる菜	
手羽先	塩を振って下ゆでして　こしょう
冬瓜	下ゆでして　干しえび　湯葉
豆腐	なめこ　ねぎ
とうもろこし	牛乳仕立て　こしょう
とこぶし	
どじょう	下ゆでして　ごぼう　ねぎ　粉山椒
鶏肉	根菜類　七味
とんぶり	大根　歯応えのある野菜
長芋	青海苔
茄子	焼いてねぎと　そのまま油揚げ、ねぎと
納豆	ねぎ
菜の花	下ゆでして
生麩	溶き辛子
なめこ	ねぎ
にら	卵
にんじん	ごま
ノビル	下ゆでして
海苔	ねぎ
白菜	油揚げ
蓮	根菜類
は竹	油揚げ　七味
蛤	ゆで汁で味噌を溶いて　はんぺん
浜防風	下ゆでして　生麩　椎茸
ひじき	油揚げ　厚揚げ　七味
蕗	油揚げ
蕗のとう	下ゆでして十分水にさらす
ベーコン	牛乳仕立てで　じゃが芋　玉ねぎ　こしょう
ホウボウ	ねぎ
ほうれん草	下ゆでして　油揚げ
帆立貝	椎茸　木の芽
ホタルイカ	粉山椒
もやし	油揚げ
舞茸	油揚げ
レタス	油揚げ　七味
わかめ	豆腐
わらび	生麩　溶き辛子

ほんもののお漬物

　私はお漬物が大好きで、ひとりでバリバリいただくほうですが、お店用にはほとんど作りません。それは、野菜は懐石料理でよく使う材料であって、料理の食材と重なっては困るからです。家庭でも、きゅうりの糠漬けにきゅうりのサラダとか大根漬けに風呂ふき大根、というように同じ食材の料理が重なっては、食べる方の顔がくもってしまうのではないでしょうか。

　私がよく調達するものは、冬なら白菜漬けや野沢菜漬け、壬生菜《みぶな》漬け、大根やかぶの漬物、春には赤かぶ漬け、山葵《わさび》漬け、夏は茄子《なす》やきゅうりの味噌漬けなどです。季節を問わず、沢庵《たくあん》やしば漬け、印籠《いんろう》漬けや麹《こうじ》で漬けたものも使います。

　とくに夏の朝茶のメインディッシュは漬物になりますから、五種か七種の漬物を用意します。こういった漬物の中には、その土地だけでしか作っていない野菜を素材とするもの、漬け込む材料が独自なものもあって、やはり本場の伝統的な味にはかないません。

　家庭用には、三五八《さごはち》漬けも作りますが、春ならサッとゆがいた菜の花やキャベツ、夏はきゅうりや茄子、冬はかぶなどを手軽な塩漬けにすることが多く、家族が好物だということもあって、鰊鉢《にしんばち》やかぶら漬けなど、ちょっと珍しい魚を使った漬物も作ります。鰊鉢は会津地方の、かぶら漬けは金沢の名物です。

塩漬けに使う塩は、唯一の調味料ですから非常に重要で、必ず自然塩を使いたいものです。また、しょうゆ漬けなどを作る場合も、まず下漬けとして薄味の塩漬けにし、水気を絞って改めてしょうゆなどの調味液に漬けます。

甘酢漬けも、保存がきいて焼き魚などの付け合わせにも使える便利な漬物です。たとえば、みょうがは丸ごと、しょうがは薄切りにしてサッとゆがき、甘酢（合わせ調味料の項参照）に漬けます。

野菜が余ったから漬物に、という使い方は、確かに素材を無駄にしない賢いやり方ですが、生でいただく漬物だからこそ新鮮な野菜で作ると一段とみずみずしい味になるのです。出盛りの安い野菜を見かけたら、ぜひ簡単な塩漬けから作ってみてください。

漬物が少しずつ残ってしまった、飽きてしまったというときには、アレンジ料理を試してみてください。ひとつは漬物寿司。沢庵や菜っ葉の古漬けを洗って絞ったものを細かく刻み五目寿司に。これは、おからの具として使ってもなかなかいい相性です。また、ごま和えにちょっと混ぜたり、酸っぱくなったものをごま油で炒めてしょうゆで味をつけると、まったく違う一品に生まれ変わります。

ほんものの和えもの

和食の献立になくてはならないのが和えものです。ごはんに汁、主菜に和えもの、この一汁二菜があれば、ご馳走とまではいかなくとも、味や栄養のバランスを満たす最低限の献立が組み立てられるでしょう。

この和えものには、しょうゆとだしを使うおひたし、和え衣の主材料に豆腐を使う白和え、すりごまを使うごま和え、酢と味噌の酢味噌和え、辛子じょうゆの辛子和え、味噌の味噌和え、梅肉の梅和えなど、本当にいろいろあります。そのうえ、マヨネーズと梅肉を合わせた「梅マヨ和え」など、自分で工夫して作り出してもいいのです。酢味噌和えは食べない子どもが、梅マヨネーズ和えやマヨネーズしょうゆ和えなら食べる、ということもありますから。

和えもののコツのひとつ目は、具としてよく使われる葉野菜のゆで方です。

たっぷりの湯で短時間でゆがく、これです。こうすると、色鮮やかに、シャリ感のあるゆで上がりになります。湯の量が少なく、材料が多いと、どうしても全部に火が通るのに時間がかかりますし、ゆでむらができます。鍋の大きいものがない場合は、大きな金のボールを使ったり、小分けにして少しずつゆでてください。ゆで上がったら、とくにアクの強いほうれん草などは水にさらしてアク抜きをすることで、雑味のない仕上がりになります。

ふたつ目のコツとしては、それぞれに、その具に合う下味をつけることです。さらにこのことは、具の水気を抑えるコツにもなります。よくいわれる和えもののコツに、具の水気が出ないように、具と和え衣は食卓へ出す直前に和えること、というのがあります。具、とくにゆでた葉野菜の水気が出るのを防ぐためには、あらかじめだしとしょうゆを同量ずつ合わせた中にくぐらせて（これを「洗う」といいますが）、洗って水気を絞っておきます。このひと手間で下味もつけられます。

蒸し鶏も和えものの具によく使われますが、鶏肉は酒と塩を振って蒸しておくという下ごしらえが必要です。同様に、生の魚ならサッとしょうゆをくぐらせるという下ごしらえをします。

おふくろの味としてなじみ深い白和えは、ごぼうやにんじん、筍などの根菜を甘辛に煮たも

和え衣の配合

	しょうゆ	砂糖	塩	だし	ごま	味噌	梅肉	辛子	酢
白和え	＊1弱（薄口）	3	少々		3	＊1弱			
ごま和え	1	1			3.5				
酢味噌和え		1				4		2	4
辛子和え	1							少々	
梅肉和え	1						1		

＊白和えでは、「薄口しょうゆ」または「味噌」を使う。味噌の場合、塩加減で量を調節。

のを具に使ってありますが、この具の下ごしらえがめんどうに思えて白和えを敬遠する方もいらっしゃるのではないでしょうか。でも、具はこれでなければ、ということはありません。ゆでた季節の青菜だけでも、野菜に魚介を少々混ぜたものでもいいのです。

旬のほうれん草を買ってきたらとりあえずゆでて、今夜はおひたしに、明朝はオムレツの具に、お昼はソテーに、それでも余ったら白和えに、とまず素材ありきで献立作りをすると、無駄なく素材を使い切ることができるでしょう。

どうしても献立を先に立てて買い物をすると、残ったものの使い道が思い浮かばない、残っていることを忘れてしまうということがあります。献立を立てずに買い物に行き、今日おいしいもの、今日安いものを選び、そこから献立作りをすると無駄が出にくくなります。また、献立作りの訓練にもなると思います。

和え衣の素材になる練りごまや辛子の瓶は、百パーセント使い切ることは難しいものです。瓶に残った素材は、逆に瓶の中に調味料を入れることで使い切りましょう。練りごまなら、砂糖としょうゆを入れてよく振れば、ごま和えの衣のできあがり。粉辛子も、一回一回粉を溶いて作るのではなく、数回分の辛子を作って蓋をして保存して使い、最後は辛子の瓶にしょうゆを入れて辛子じょうゆを作ります。

和えものは、野菜をとる料理として最適のもの。一日一回はいただきたい献立です。

ほんものの野菜の煮もの

野菜の煮ものは、多くの種類の煮方を覚えなくても、代表的なものを覚えれば、あとは似たような調理法ですから、基礎になる煮方をしっかり覚えていただきたいと思います。

芋類の煮ものの中でも、オーソドックスな里芋の白煮は、京風の炊き方ですが、まず、皮を厚く、五面か六面にむきます。芋類は輪切りにすると外側と内側と二層になっていて、この外側をむいてしまわないと繊維が残って、もっちりとした、それでいてとろけるような里芋煮らしい味にならないのです。

この煮方は、水に入れて火にかけ、ふいてきたら火から下ろしてお湯で洗ってそうっとぬめりを取り、たっぷりの温かいだしで煮ていきます。なぜ洗うためにお湯を使うかというと、水では温度差でひびが入るからです。温かいだしで煮るのも、同じ理由からです。芋がやわらかくなったらみりんを入れ、仕上げの手前で塩を加えてできあがりです。

白煮のような薄味の料理は、塩やしょうゆなど塩分を早く入れるとかたくなりますから、必ず仕上げの段階で。火を切ったとき、芋がだしに浸かっていないと、上に出ている部分がひび割れしますから、確認してください。煮ものの味は、煮ているときではなく、冷めていく間に材料にしみていきますから、できたてではなく、いったん冷めたものをいただくと、よりいい味になっているはずです。真っ白で、中まで味のしみた里芋。『里芋はこれに限る』とも思える味です。
皮をむくのがもったいないという場合、とくに新ものの小芋は甘辛の濃口の味つけが向いています。この場合、すり鉢などでゴロゴロ転がして皮をむき、最初から調味料を入れて炊きます。分量はだしとみりんが同量、しょうゆだけやや控えめに。仕上げに照りをつけて、いわゆる煮っころがしのできあがりです。濃いめの味つけで煮込む料理は、塩分を他の調味料といっしょに先に入れても構いません。

じゃが芋の中でも新じゃががおいしいと思うのは、信州料理の揚げ煮です。新じゃがは、土を落とす程度に洗い、中温の油で中まで火が通るようにじっくり揚げ、だしとしょうゆ、みりんで煮たものです。

大根は、独特のアセチレン臭がありますから、どんな料理に使うにせよ、下煮をして使います。下煮をするとき、米の研ぎ汁でゆでたり、糠や米を入れるとより臭みをとってくれます。大根も、里芋同様皮を厚くむきます。透明感が出るくらい下ゆでした大根は、それ自体の味が薄いので、おでんのだしをよく吸い、風呂ふきの味噌とも相性がいいです。また、牛スジ肉との炊き合わせなど煮汁の旨みを十分に生かせる素材と合わせて使うことで、より味を引き立て合うといえるでしょう。残った皮は、漬物にしたり、きんぴらに使うと歯応えのいい、副菜になります。

にんじんにも独特の匂いがあります。子どもににんじん嫌いが多いのも、この匂いのせいではないでしょうか。臭みをとるには、水からゆでること。ゆでたあと、だしで煮るなり、きんぴらに使うなり、洋風料理にするなり、味をつける調理に移ると、匂いが気になりません。

ごぼうは、昔は糠を入れた湯で下ゆでしてアクを抜く、といわれましたが、今のごぼうには気になるほどのアクはありませんから、サッとゆがくだけで十分です。ゆがきすぎると、かえって独特のごぼうの香りが失《う》せてしまいます。

蓮は、これも昔は酢水でアクを抜くといわれましたが、今は水に浸けるだけで十分です。

蓮もごぼうも、きんぴらにするとおいしい素材ですが、私は歯応えのあるきんぴらが好きなので、どちらも乱切りにして使います。ごま油で炒めて、周りが透明になってきたらみりんとしょうゆを同量入れて炒《い》りつける。これは、おいしい惣菜です。

南瓜《かぼちゃ》は、かつては黒皮南瓜が当たり前でしたが、今は西洋南瓜、栗南瓜が主流です。黒皮は、当たり外れがあって見分けるのが難しいものです。南瓜の煮方にも、関西風、関東風の炊き方がありますが、関西風はもてなし用、関東風はお惣菜といえるでしょう。

南瓜の下ごしらえは、皮の色目のよさを生かして、ところどころ皮を残してむきます。南瓜の皮は大変かたく、手に持って切ると危ないので、まな板の上に動かないようにしっかり置いて、上から下へ皮を削るようにむくといいでしょう。適当な大きさに切ったら、面取りをします。面取りは、形を整えるためではなく、煮ている間にやわらかい素材同士がぶつかって煮崩れするのを防ぐためにやる下ごしらえです。

関西風の煮方は、だしで南瓜を五分ほど煮て、みりんや砂糖で甘味をつけ、最後に塩で仕上げをします。しょうゆではなく塩、色目や風合を大事にする方法のもてなしなのです。

関東風は、下ごしらえをした南瓜に砂糖を振りかけて一晩置き、翌朝、水分が滲み出したところで弱火にかけ、焦がさないように火を通します。ほぼ火が通ったところでしょうゆを回しかけて仕上げればできあがり。だしも使わないシンプルな、濃い味の煮ものですが、ほっくりと仕上がってなかなかのお味です。お好みでかつお節をかけて食卓へ。

お正月や行事の日に作られる炒り鶏のように、根菜類と鶏肉をいっしょに煮る煮ものもありますが、料理屋のメニューにある野菜の炊き合わせのように、それぞれの素材に合った煮方で別々に煮てひと皿に盛った野菜の煮ものは、家庭に常備しておくと便利なものです。

一週間に一回、ごぼう、にんじん、蓮、筍、それにこんにゃくなどを煮て保存しておけば、みんなを合わせて根菜の煮ものや白和えに、ごぼうやにんじんだけで主菜のあしらいに、和えものの彩りに、ごぼうサラダなどの素材に、そして最後には残ったものを合わせて五目寿司や炊き込みごはんに、と役立ちますし、野菜がとりやすくなります。

ほんものの刺身

刺身は、懐石風にするとより味わいを楽しめ、材料も少なくすみます。

いわゆる和風の刺身は、三種とか五種とかの盛り合わせになっていますが、懐石風は向付けとして一種類のみを出します。もてなしなどならなおのこと、そのもてなし料理のテーマに合わせた魚を一種だけ出すことで、その魚が主役を張り、見た目も豪華です。よく私はこれを写真撮影にたとえますが、三人で写るよりひとりで写ったほうが目立つでしょう。これと同じこと。三種あっても、一種だけ刺身として出せば、残りの二種は他の料理に利用できます。鮪を刺身にして、烏賊《いか》は煮たり焼いたり、貝は和えものに、と。

もちろん、その一種は旬の、しかもその日おすすめの魚を選びます。旬といっても、毎日必ず売っているわけではありません。『今日はこれ』と決めて行っても、漁の関係で入荷がない日もあります。ですから、ほんとうにおいしい刺身を食べたければ、素材を決めないで、今日おすすめのものを、と臨機応変に考えることも必要です。

生でいただく刺身のポイントは、素材の鮮度、質ですが、切り方、盛り方でもおいしさが変わってきます。ですから、刺身に造ってあるものより冊《さく》で、できれば一尾買いをなさって、自分で演出したいテーマに合わせて切ることも練習してほしいと思います。

魚のおろし方は、家庭料理では三枚おろしができれば十分です。そして、おろしの腕も慣れで上達しますから、できるだけ一尾買いでおろすチャンスを作り、挑戦してください。

日本人の大好きな鮪の刺身も、よくある引き造りばかりではなく、サイコロ状の角切りにすると、存在感があります。

七月なら、白身魚を短冊切りにして笹の葉を敷いた皿に盛り、「これは七夕でございます」とお出しする。そこで、食卓に会話が生まれます。「ああ、七夕ですね」「はい、七夕にちなんで短冊に見立てて造ってみました」というように。黒塗りのお盆や折敷にのせて出せば、ひと皿は夜空に映えるまさに七夕風景です。

ツマやケンも、皿の上にあるものはすべていただけるものです。作る側も、そういうことを頭に入れて作ってほしいものです。自分の料理を作品としてアピールする、これも料理の腕を上げる手段のひとつではないでしょうか。

刺身のつけだれも、普段の食事ならしょうゆで十分ですが、ときにはアレンジしてみると、新しいおいしさが発見できます。刺身という料理自体、しょうゆだけで食べていると新鮮味のない料理ですが、たれを梅肉しょうゆ、二杯酢、三杯酢、酢味噌などに変えることで、いつもと違った味わいが生まれます。

さらに、貝には酢味噌、白身魚には酸味のあるたれなど、しょうゆ以上に素材の味を生かすたれがあることを実感するでしょう。最近は、イタリアンのカルパッチョ仕立てで、刺身をオリーブオイル、ビネガー、塩、こしょうの味つけでいただく料理もポピュラーになってきたそうです。ひとつでも多くのおいしさをみつけることは、食べる幸せが広がるということではないでしょうか。

ときには、刺身が残ってしまうことがあります。そんなときは、しょうゆ漬けにしてヅケ丼に仕立ててはいかがでしょう。しょうゆにごまやみりん少々を加えれば、上等のお茶漬けにもなります。たれごとごはんにのせて焼き海苔や山葵、三つ葉を添え、熱いお茶をかけていただきます。白身の刺身なら、ドレッシングに漬けてサラダに、甘酢に漬けて和えものに、茶碗蒸しの具に、赤身の魚なら、しょうゆや辛子じょうゆ漬けに、といろんなアレンジがあります。

食べ方も、そのまま丼にしたり、ちょっとあぶったり、フライパンでサッと火を通したり、といろいろです。

このような、残ったときの工夫も、一種類の魚なら使い道が簡単に決まりますが、何種類もあると使い分けがなかなか面倒です。とにかく困ったらしょうゆに漬ける。そして、具体的な使い方は食べたい料理に沿って考えましょう。

ほんものの魚料理

春は金目鯛、夏は鱸《すずき》、鮎、アイナメ、秋は鯖、冬は鰤《ぶり》が代表的な魚でしょうか。魚料理も、季節によっておいしいと感じる調理法が違います。寒い季節は熱々の煮魚がおいしいものですが、暑い季節にはちょっと敬遠したくなります。夏はやっぱり、さっぱりした刺身や焼き魚、カラッと揚がった揚げものに食欲がわきます。

魚は、その体の色や形によってその生態を知ることができます。秋刀魚《さんま》は、速く泳ぐのに適した流線形をしています。速く泳ぐということは、澱《よど》んだ水の中では暮らしていないということで、このことからワタまで安心して食べることができるのです。

青魚は、海面すれすれを泳いでいます。ということは、海鳥の餌になりやすいということ。ですから、海と同じ保護色の青い色をしているのです。逆に、海底にいるカレイや平目は、砂地と同じような色をしています。

赤い魚は深海魚です。太陽光線の届かない深海では、赤い色なのです。桜鯛ともいわれ美しい赤みの鯛は水深三〇〇メートルあたりに住まう魚ですが、魚売り場には茶色っぽい鯛も並んでいます。それは養殖鯛で、餌を与えるときに海面まで上がってきて、日焼けしているからなのです。魚の生態も、知ってみると面白いものだと思いませんか。

私は、生まれて以来九歳まで京都でしたから、関西風の使い回し術を料理にも生かす母の姿を見て育ちました。

その頃は、鰺などの大衆魚はとてもお安く、大量に買ってきてはまずみんな炭で焼いてしまうのです。当日は、まずその焼きたてを大根おろしといっしょにいただき、翌日は煮ものになって出てくる、翌々日はその煮魚がさらに焼かれて出てくる。三日間同じ鰺料理なのに、味はまったく違う。そんな知恵が生きていました。

最近、魚は結構高級な素材になってしまいました。時期によっては、鰺や鰯すらなかなかのお値段です。しかも、全部いただける肉と違って、魚は廃棄率も高いのです。だからこそ、一尾買いでアラまで使い切り、結果、経済的な買い物をしましょう、とおすすめしているのです。

さらに丸ごと使うことで、料理のレパートリーが広がります。切り身の魚では、煮魚やソテーなどワンパターンになりがちですから。たとえば、頭は兜煮《かぶとに》に、骨は揚げて骨せんべいに、骨についた身はすり流し汁になります。すり流し汁とは、スプーンで骨についた身をこそげ取ってすり鉢で当たり、熱々の味噌汁を入れてすり身に火を通したものですが、かつおのすり流し汁など絶品です。

よく「お魚に触れない」とか「お魚と目が合うのがイヤ」といって、丸ごとの魚を敬遠する方がいますが、私は「お魚の立場になったら、嫌々触られたら不愉快じゃない？　あなたの命をいただいて、私は元気になります、ありがとう。という気持ちで潔くおやりなさい。そんな扱い方

では魚が可哀想です」といっています。

たとえば家族の分としては大ぶりな鰤でも、一尾買ってきて半身は当日は照り焼きに、同時に残りの半身とアラは煮ておいて翌日いただく、という工夫。煮ものは煮たてよりいったん冷めたほうがおいしくなりますから、味の点でもこれはよい工夫です。締め鯖やから揚げと鯖味噌煮もしかりです。

私は、料理道具の落し蓋の項でも述べましたが、煮魚を作るときに落し蓋は使いません。魚は、じっくり煮るのではなく、強火で一気にサッと煮上げるほうがおいしいと思います。魚特有の臭みを閉じ込めてしまわないためにも、落し蓋は使わないほうが効果があると思います。贅沢でも、臭み消し効果のある酒もたっぷり使っていただきたいと思います。

煮魚の残ったものは、他の使い道はちょっと考えられませんし、時間がたつほどおいしくもなりますから、あえて残りもの料理は考えなくてもいいと思いますが、煮汁が残ったときは、ぜひそれを加えておからを炊いてください。少しだけ煮魚が残っていたら、身をほぐして加えてもいいでしょう。

第六章

もてなしに生かす和の工夫 三か条

一、もてなす心を形にする
一、自分のもてるものでお迎えする
一、無理は失敗のもと

◉もてなしとは、お迎えする心を形に表すこと

心のこもったもてなしを受けると、とても幸せな、満ち足りた気持ちになります。たとえば、日本旅館では欧米スタイルのホテルとは違った伝統的なもてなしを楽しむことができます。

お客様をフロントで待つのではなく玄関でお迎えする、到着されたらまずおしぼりとお茶をお出しする、食事は「ご自由に」ではなくお客様の希望に合わせてなど、現代人には少々うるさく感じられる方もいるほど心遣いが溢れているのが日本旅館のもてなしです。このような極めつけの和のもてなしを体験し、その機微を垣間見ることができるのも、日本の伝統文化の中で育った私たちの幸せではないでしょうか。そして、そのようなもてなしの伝統は、私たちの家庭でのもてなしにも十分生かせるものでしょう。

もてなしの極意は難しいことではなく、自分がうれしく感じたもてなしを、今度は心をこめてお返しすること、相手の気持ちを考えることだと思います。

そのためには、「心を形にする」「自分のもので」「無理をしすぎず」の三つのポイン

トがあるでしょう。

心を形にするということは、もてなしはパフォーマンスであって、もてなす人の人となりを、迎える心遣いや料理、しつらいでお見せし、受け取っていただくこと。「あなたを心からお待ちしていました」「おいでくださってとてもうれしく思います」「気持ちよくお過ごしください」という心を形にすることにルールはありませんし、人それぞれのやり方があります。

自分のものでということは、端的にいえば、初めて作る豪華なフランス料理をお出しするより、作り慣れた完成度の高いお惣菜のほうがいいということです。しつらいも、あわてて豪華な飾りものを整えても、すぐに新しい場所になじむわけではありませんし、招かれた人が正座を要求されるような場より、気兼ねせずにくつろげる家がいいはずです。借りものの料理やしつらいではいけません。無理をしたもてなしは、どこかに不自然さが出てきて、お客様に居心地の悪さ、居たたまれなさを感じさせます。

無理をしすぎずというのは、自分の環境や置かれている状況に合わせたもてなしで、ということ。そうでなければ、「うちは狭いから人が呼べない」とか「私は料理が苦手だから……」「うちは小さな子どもがいるから……」になってしまいます。狭くても片づいていれば結構。片づいていなければ、人を招くのがちょうどいい機会だと思って片づけることです。料理が苦手なら、持ち寄りパーティ式にすればいいのです。子育て中で忙しいお母さんなら、「ごはんとお味噌汁は用意するから料理をお願い」「お茶を用意するから、お茶菓子を」と頼むか、いっそ店屋物《てんやもの》でもいいではありませんか。場所を提供する、ということだけでもありがたいことですから。

そもそもてなしの目的は、人間関係を築いたり、お互いの仲を深めたりすることが多いものです。つまりはコミュニケーションを図る場です。だったら、第一の目的は親しくお話をすること、お互い楽しい雰囲気の中で相手を理解することではないでしょうか。その小道具としてしつらいや料理があるのです。逆に、しつらいや料理は、そこから話題が広がるものであればもっといい、ということもいえます。

私は、「餌付け」と称して気軽にお客様を食事に誘います。それは、もてなしの場合もありますが、もっと気楽な、わが家の食卓を家族とともに囲んでもらうようなもので、料理も私たちのおかずといっしょの場合がほとんどです。

会っただけより、話しただけより、やっぱり餌付けをした人のほうが心通わすものがあるのです。必ずわが家へ戻ってみえるのです。食事より簡単なら、お茶とお菓子。なにも口に入らない仲より、やっぱり食べものを介した仲は深みがあると思います。

さり気ないもてなしのしつらい

お客様がいらしたとき、その家全体の印象を左右する大きなポイントは第一印象です。お客様が玄関ドアを開けた瞬間、どう感じられるか、です。

すっきりと掃き清められた何もない玄関に、季節にちなんだ飾りがひとつ、それが理想です。現実的には難しくても、せめて、必要でないものはお客様をお通ししない部屋に片づけて、必要なものだけをきちんと整理しておく、靴はすべて靴箱へ、というくらいはできるでしょう。

お客様を迎えるとき、さり気なく心配りを表す和の演出法としておすすめなのが打ち水です。料理屋の店先に水が撒かれているのをご覧になったことがあるでしょう。これは『今、お待ちしておりました』という気持ちを表した合図で、とくに飲食店だけの合図ではありません。ですから、冬はともかく、お客様がいらっしゃる前に玄関のあたりを掃き清め、打ち水をしてお迎えするのは、迎えるほうも迎えられるほうも、実に気持ちのいいものなのです。

雨の日にお客様をお迎えする場合は、使っていない家族の傘は傘立て以外の場所に収納し、傘立てが空いている状態でお迎えしましょう。乾いた傘といっしょに濡れた傘を入れるのはためらわれるものです。そんな気遣いをお客様にさせないためにも配慮してください。

洗面所やトイレは、お客様の到着前に必ずチェックをするようにしましょう。とくにトイレは、

臭いのチェックも必要です。トイレは、飾りたてるよりなにも置かないほうが掃除は簡単です。造花などを飾っているお宅がありますが、造花は洗えないものが多く、埃が溜まっていたりすると、他はきれいにしてあっても手を抜いた印象を与えてしまいますから。

お客様をご案内するのは、通常、玄関、リビングダイニングくらいでしょう。その範囲なら、床をきれいにお掃除しておけばスリッパは必要ないかもしれません。とくに暖かい季節は。逆に「うちはスリッパを使わないんです。でも、きれいにお掃除しましたからご安心ください」と初めにお伝えするのもいいと思います。

でも、そうするときは、もし家族用のスリッパがあるならしまっておいてくださいね。『あら、ご家族はお使いになっているのに……』と感じられては困りますから。

招かれた人の心配り

招かれた側が気を配りたいことも、もちろんあります。

手みやげは、相手の好みや喜ばれるものに不案内な場合は、一応うかがってみるほうがいいでしょう。「お気を遣わないで手ぶらでいらしてください」といわれたら、お花などの重なっても問題ないものや、食べものでも保存がきくものをお持ちするといいでしょう。もちろん、気心知れた仲でそういわれたのなら、手ぶらでうかがったほうが相手は気が楽なはずです。

また、子どもが多いお宅なら、どこでも入手できるお菓子でも喜ばれるでしょうが、年齢が高くなるごとにいいものを少量のほうが喜ばれます。とくに、もてなしをする場合は冷蔵庫が満杯のはずですから、お持ちしたら即冷蔵しなければならないものは、かえって迷惑になる場合があります。

おみやげを紙袋に入れていき、そのまま渡す方がいらっしゃいますが、とくに目上の方に招かれた場合は、必ず紙袋から出して品物を渡してください。風呂敷に包んだものも、風呂敷から出してお渡しする、それが日本の品を感じるマナーです。

気心の知れた仲のお宅だからこそ、やってしまいがちな失礼があります。やたらに調度品などを触ったり、「どこで、いつ買ったの？」「おいくら？」などと詮索することです。「素敵ね。どういうものなの？」というくらいの言葉だけにとどめておきましょう。もちろん、しつらいや装飾品、招いてくださった方のファッションを褒めるのは必要ですが、あくまで自然に。『お招きを受けたのだから、とにかく褒めなくっちゃ』という気持ちが見え見えのお世辞では、かえって空々しいということがあります。

むしろ好奇心は、ご自慢のものや料理に向けるべきです。「素敵ね。どなたの作品？」と興味を示してくださったり、「おいしいわ。材料は？　コツは？　作り方は？」とおいしそうに召し上がるお客様の姿を見て、うれしくない人はいないはずです。

一番気配りをしなければいけないのはおいとまをする時間かもしれません。楽しいもてなしであればあるほど、ついついおいとまをいうのを忘れてしまいます。そして、もてなす側からはなかなか切り出せないものです。ランチタイムのもてなしなら夕飯の支度を始める時間、晩餐のもてなしでも一〇時にはおいとましましょう。招いた側には後片づけという仕事も残っているのですから。

逆に、もてなす側からのそれとない催促は「次はいつお目にかかりましょうか？」「この次はなにを召し上がりたい？」と聞く作戦です。それでも鈍感な方には、「私、洗いものをやりながらお話しさせていただくけど、どうぞゆっくりしてらしてね」と申し上げます。もうひとつ、お招きの連絡をするときに、あらかじめ「六時から一〇時くらいまでね」と伝えておくといいでしょう。相手もそのつもりで訪ねてくださるはずですから。

招かれたお礼を伝えるには、電話、ファックス、eメールなどいろいろな方法があります。自分と相手のライフスタイルに一番合った方法で、でもきちんとお礼をいうことが大切だと思います。私が最近重宝しているのが、ブームの絵手紙です。もてなしのお礼もそうですが、いただきものをしたときに、たとえばみかんを一個描いて「ありがとう」とか「おいしい」のひと言を添えれば立派に個性的な礼状になります。

絵手紙は、上手な絵より下手めの絵のほうが味があるとか。手紙が苦手な人も試してみてはいかがですか。美辞麗句の礼状や電話より、よほど効果絶大です。

家庭料理をアレンジする一汁三菜のおもてなし

おもてなしが決まって一番困るのが、「さて、献立はどうしましょう？」ということではないでしょうか。そんなときに目安となるのが、日本料理の伝統的なごはん、汁、おかず三品の一汁三菜という献立の組み方です。

懐石料理での一汁三菜は、汁は味噌汁、初めの菜は向付け、つまり刺身に値するもの。次の菜が椀もので、お椀にちょっと汁を張り、しんじょや卵豆腐などの具を入れたもの。最後の菜が焼きものです。

もちろん、これは伝統的な懐石の場合ですから、現代風に、家庭料理風にアレンジすることはいっこうに構いません。

とくにハイライトともいえる椀ものは、通常、手のこんだ具を調えますが、それを実行するのはなかなか大変です。椀ものの代わりに、根菜などの野菜をたっぷり使った煮ものに替えたり、栄養的なバランス、料理法のバラエティを考えながら、あなただけの現代版一汁三菜を工夫してください。

同じ料理が「よそいき」になるか、「お惣菜」になるかの分かれ目は、盛り方と量によりけりです。

かつて、地方で料理指導をしていたときに感じたのは、地方にはとれたての食材があり余っていて、同じような料理がたくさんあるということ。つまり、マンネリ料理になりやすいということです。

ですから、私ができることは、同じような料理法にちょっと変化をつける、それに盛りつけ方と適量をお教えする、これだけなのです。地の食材を使った料理は、地元の方々のほうがよほど上手なのですから。でも、できた料理をボンと盛って出されるから、みんなお惣菜になってしまうのです。

料理にふさわしい器を選んで、適量を形よく盛れば、あっという間によそいきに変身してしまいます。この違いがカルチャーなのだと思います。

そういうことも頭に入れて、もてなし料理に挑戦してみてください。次のページに、私からの一汁三菜プラスワンのヒントをあげておきました。

【春の一汁三菜レシピ】

春

ごはん／しじみの味噌汁（八丁味噌）
かぶの一夜漬け／サヨリの刺身
筍と蕗、魚の子の炊き合わせ
肉じゃが
菜の花の辛子和え

◉肉じゃがの作り方（4人分）

材料：じゃが芋　300g／牛薄切り肉　200g／玉ねぎ　中1個／グリンピース　適量／砂糖　大さじ4／塩　小さじ1／水またはだし汁　2と1/2カップ／好みでしょうゆ　少々

❶牛肉をざくざく切り、空鍋でじっくり焼く。
❷じゃが芋の皮をむき、水にさらす。
❸牛肉の鍋にじゃが芋を入れ、水またはだし汁を加えて中火で煮、アクを取る。
❹じゃが芋に五分通り火が通ったら、砂糖、塩を加え味をつける。
❺じゃが芋にほぼ火が通ったら櫛切りにした玉ねぎを加え、最後に下ゆでしたグリンピース、好みでしょうゆを加える。

【夏の一汁三菜レシピ】

夏

豆ごはん／五月椀／きゅうりの糠漬け
かつおのたたき
茄子の揚げ浸し
冷やしシャブシャブ
冷やしトマト

◉茄子の揚げ浸しの作り方（4人分）

材料：茄子　6本／塩　少々／みりん　大さじ4～5／しょうゆ　大さじ4～5

❶茄子を半分に切り、皮目を鹿の子に包丁を入れ水にさらしてアクを抜く。
❷茄子の水気を拭き、中温の油で色よく揚げ、薄塩を振る。
❸みりんとしょうゆを合わせ、茄子がすべてかぶるように浸し、1時間以上置く。3日～5日保存可能。

＊浸し液から茄子が出ていると、出ている部分の色が悪くなる。

【秋の一汁三菜レシピ】

秋

きのこごはん／茄子の味噌汁／鉄砲漬け
締め鯖
炒り鶏
鮭の幽庵《ゆうあん》焼き
菊花和え

◉締め鯖の作り方（４人分）

材料：鯖　新鮮なもの中１尾／塩　適量／米酢　適量／しょうが／生山葵

❶鯖を三枚におろし、腹をすいて背の骨を抜き、身が隠れるほどの「べた塩」をして冷蔵庫で約１時間置く。この時間は長くなってもよい。

❷酢と水同量を合わせて鯖を洗い、塩を落として新しい米酢に10分浸す。

❸鯖の皮を引き、削ぎ切りにしてしょうが、山葵を添えて出す。

＊鯖は「生き腐れ」といわれるほど鮮度が落ちやすいので、できるだけ新鮮なものを選ぶ。鮮度に自信がない鯖は、おもてなしには避けるのは当然だが、お惣菜としても火を通す料理法でいただきたい。

【冬の一汁三菜レシピ】

冬

ごはん／粕汁／白菜漬け
ブリの刺身
かぶと厚揚げの煮浸し
豚肉の味噌漬け
イクラのおろし和え

◉豚肉の味噌漬けの作り方（４人分）

材料：豚ロース厚切り肉　４枚（１枚100g程度）／塩　適量／味噌　200g／みりん大さじ1〜2／あさつき　適量／ねぎ　適量／ガーゼ

❶豚肉に塩をして10〜30分置く。

❷味噌をみりんでのばし、好みの味の味噌床を作る。

❸保存容器に味噌を敷いてガーゼを置き、水気を拭いた肉を並べてガーゼを被せ、上から味噌を敷く。味噌の濃さによって１日〜10日程度で食べ頃に。

❹肉の味噌をきれいに拭い取り、中火の遠火でじっくり焼く。

懐石風のおもてなし

この時代、食事処《どころ》も多種多様で、懐石料理も気軽にいただけるようになりました。それだけに、茶道に縁のない方にとって、なにが本当の懐石なのか、懐石料理とはどんなものか、がわかりづらくなっているようです。

懐石料理は「心を形にすることがなにより大切」と考えられています。ですから、まさにもてなしにふさわしい料理だといえるのです。茶道に縁のない方も、懐石料理の知恵を拝借し、これにならって、懐石風のおもてなしに挑戦してみてはいかがでしょう。ここでは、懐石料理の「基本のき」をご紹介し、心を形にする具体例をお伝えいたします。

懐石にならった献立作りを考える前に、やはり基本である懐石料理の知識は知っておいていただきたいと思います。料理屋でいただいたものをまねて作るより、基本を知ったうえで自分のできる範囲で対応する、これが本当の応用だと思います。

そもそも懐石料理は、お濃茶をおいしくいただくために前もって五臓六腑の「胃」を整えるためにいただく食事のこと。お招きする側の亭主が走り回り、お客様にお気に召していただけるような最高の素材で調えた食事、ということから「ご馳走」といいます。また「懐石」とは、その昔、禅宗のお坊様が修行の折に、懐《ふところ》に温めた石を入れて空腹をまぎらわした、という言い伝えから名づけられたものです。
本格的な懐石料理の基本的な流れは、次のとおりです。

❶飯椀（一文字飯といって少量）、汁椀（味噌汁）、向付けの三品が、折敷にのせて出される。飯と汁をいただく。
❷酒が出される。ここで向付けをいただく。
❸「汁替え」になり、ご飯を盛った飯器（飯櫃《めしびつ》）が出される。
❹メインの椀盛りが出される。メイン料理は折敷の向こうに置く。
❺酒のやり取りをする。
❻焼きものが出される。
❼小吸物（箸洗い）が出される。
❽八寸が出される。
❾湯桶《ゆとう》が出される。

❶の飯と汁は、家庭でのもてなしなら省いてかまいません。
向付けは、いわばオードブル。刺身、酢のものなどが出されますが、おいしい豆腐、市販の珍味などでよろしいのです。

懐石で、料理人がもっとも腕をふるうのが椀盛りです。いわゆる清汁ですが、おいしいだしをとり、椀種には季節感や手間、センス、旨みを注ぎ込んで作り出されます。よく椀種に使われるのが「しんじょ」ですが、これは魚介のすり身を蒸して作ります。

焼きものは、主に焼き魚を大皿や鉢にいっしょ盛りにし、お取り箸をつけて出されますので、空いている向付けの器に取り分けていただきます。

ご家庭での懐石風のもてなしなら、この焼きものまでで十分です。

焼きもののあと、強肴《しいざかな》や預鉢《あずけばち》といわれる炊き合わせ、揚げもの、和えものなどが出されることもあります。

小吸物は、次の八寸の前に出されるもので、口に残った料理の味を改め、箸を洗う意味で

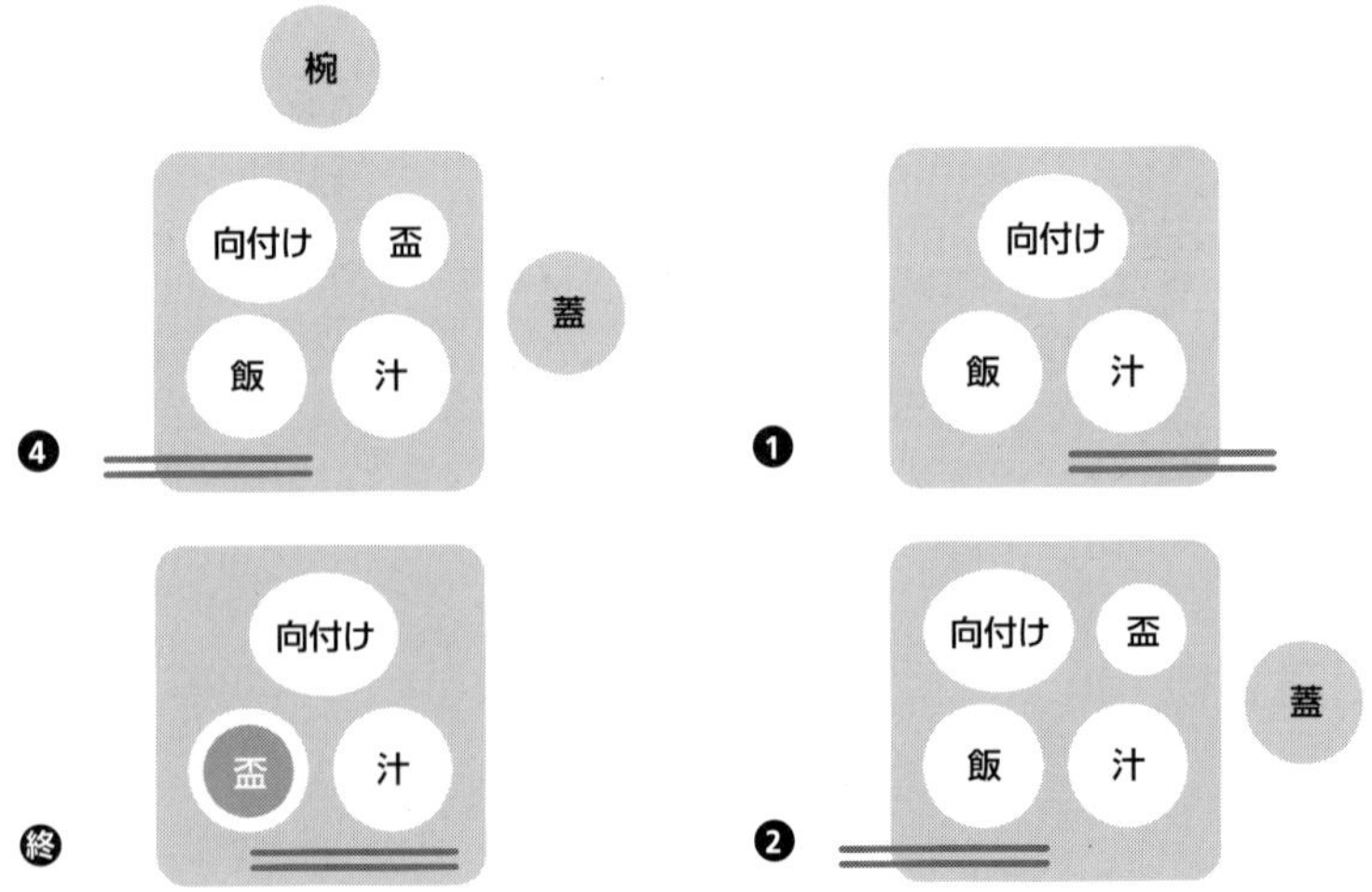

「箸洗い」とも呼ばれる薄味の清汁で、季節の具をほんの少量添えます。

八寸は、本来、八寸（二六センチ余）四方の木地に盛るところから名がつきました。ここで供されるのは肴になる海のものと山のもの二種。秋ならば、スモークサーモンと栗、春ならば帆立と空豆などです。

湯桶では、ごはんを炊いたときに出るおこげ、白湯、香のものが出され、これらを湯漬けにしていただきながら器や箸を洗って終えます。

以上の懐石の流れを、知識として頭の隅に置いて、あなたならではの懐石風のもてなしを工夫してみてください。基本は、向付け、椀盛り、焼きものの三品を組み合わせること。それに、おいしいごはんと味噌汁、香のものを添えればいいでしょう。

それぞれの家庭にある道具を工夫し、得意料理の中から季節に適った献立を考えることは、もてなし最大の楽しみといえるかもしれません。

折敷がなくても、夏ならすだれ状のマットを、秋なら和紙に紅葉を添えてみる、でもよろしいではありませんか。

器も、和食器と限定して考えず、洋食器を使ったり、焼き魚などは籠に草木の葉を敷いてお出ししても素敵です。

では、ご家庭でも楽しんでいただける四季の懐石風献立例をご紹介しておきましょう。

【春の懐石風献立】

春

【向付け】赤貝とわけぎのぬた
【椀盛り】海老しんじょ　三つ葉　木の芽
【焼きもの】豚ロースの味噌漬け焼き
ごはん／しじみ汁／菜の花漬け

◉海老しんじょの作り方（5人分）

材料：芝海老　10尾／白身魚のすり身（市販品）　200g／卵白　1個分／
だし　約大さじ3

❶すり鉢にすり身と卵白を入れてすり合わせ、だしを小分けにして加えながらポテーッとしたやわらかさになるまで伸ばす。

❷海老の皮をむいて背ワタを取り、細かく刻んで❶に混ぜ合わせる。

❸❷を5等分して椀の大きさに合わせ、ざっくりとかためないように丸く取り、湯気の上がっている蒸し器で、中火で約15分蒸す。

❹仕上げは、椀に❸を盛り、すまし汁を張って、結び三つ葉、へぎ柚子を飾る。

【夏の懐石風献立】

夏

【向付け】ごま豆腐
【椀盛り】蓮饅頭、大葉、椎茸
【焼きもの】鮎の塩焼き、蓼酢
ごはん／じゅん菜汁／青柴漬け

◉ごま豆腐の作り方

材料：当たりごま　1／葛粉　1／水　5～7／塩　少々　の割合で

❶葛粉に水を加えてよく溶く。

❷すり鉢に当たりごまを入れ、❶を少しずつ加えながらよく混ぜ合わせる。塩を加えて薄い味をつける。

❸鍋を火にかけ、木ベラで常にかき回しながら、初めは強火、ふいてきたら中火にして火を通す。木ベラで底をかき混ぜて、弾力のあるかたまりに二分できるようになったら火からおろし、型に流し入れてあら熱を取り、冷蔵庫で冷やす。

【秋の懐石風献立】

秋

【向付け】締め鯖
【椀盛り】飛龍頭、辛子
【焼きもの】鶏の鍬焼き、焼き栗
ごはん／きのこ汁／茄子漬け

◉飛龍頭の作り方（5人分）

材料：木綿豆腐　1丁／大和芋　全体量の1割程度／卵　1個／芝海老　豆腐の半量／塩　小さじ1／きくらげ　少々／ぎんなん　5個

❶豆腐は水切りする。
❷海老の皮をむいて背ワタをとり、塩水で振り洗いして、粗く叩く。
❸きくらげは水で戻し、千切りにする。
❹ぎんなんは皮をむく。
❺大和芋はすりおろす。
❻すり鉢で豆腐を当たり、卵、すりおろした大和芋、塩の順で加えて混ぜ合わせ、滑らかになったら海老、きくらげも合わせて5等分する。
❼真ん中にぎんなんを入れて❺を丸め、170℃の油で揚げる。箸でつまむとかたく感じるくらいまで揚げる。

【冬の懐石風献立】

冬

【向付け】大根とローストビーフの和え物
【椀盛り】牡蠣しんじょ　青菜　へぎ柚子
【焼きもの】烏賊の幽庵焼き
ごはん／大根汁／白菜漬け

◉烏賊幽庵焼きの作り方（5人分）

材料：烏賊　1～2杯／しょうゆ　50cc／みりん　30cc／酒　20cc

❶烏賊はさばいてワタを出し、足を外す。身に格子状の隠し包丁を入れ、食べやすい大きさに切り分ける。
❷しょうゆ、みりん、酒を合わせて幽庵地を作る。
❸烏賊を幽庵地に1時間浸ける。
❹烏賊を中火で焦がさないように焼く。

幸せを食卓に、お祝いと行事のご馳走

現在の日本では、自分たちの国の伝統行事がだんだん廃《すた》れ、海外から入ってきた新しい行事が若い人を中心にもてはやされていますが、こんな時代であるからこそ、両方のよいところを取り入れ、幅を広げてはいかがでしょう。

それぞれのご馳走の歴史をひもといてみると、興味深く、料理という創作の舞台で確かな自分を演出するよいチャンスと心得て、伝統行事を次の世代へ伝えていってほしいと切に願います。

そもそも行事は、信仰やその国独自の暮らしのあり方と深く結びついたもので、そこでふるまわれる料理にもいわれや意味があるのです。

日本の行事は、五節句の七草（一月七日）、雛祭り（三月三日）、端午《たんご》の節句（五月五日）、七夕（七月七日）、重陽《ちょうよう》（九月九日）ですが、この他にも代表的なものとして正月（元旦）、節分（二月三日）、花見（四月）、十五夜（九月十五日）、紅葉狩り（十月）などがあって、世界中で祝うクリスマスもすでに年中行事として根づいているといえるでしょう。さらには、家族の誕生日、記念日、入学や卒業祝いなども加わるでしょう。

ここでは、家庭で祝ってほしい行事の献立をご紹介しましょう。お子さんに、行事のいわれなどを教えながら、日本に生まれた幸せを家族で考える食卓を演出なさってみてください。

行事のメニュー例

【おせち料理】

数の子／田作り／黒豆／キンカン／栗の渋皮煮／
かまぼこ／紅白なます／のし鶏／昆布巻き／
伊達巻《だてまき》／煮締め／鯛の焼きもの／ローストビーフ

◉ローストビーフの作り方（5人分）

材料：牛肉かたまり　700g～1kg／塩　適量／こしょう　適量／サラダオイル　大さじ1／くず野菜（玉ねぎ　セロリ　パセリ軸　じゃが芋の皮　にんじんの皮　その他）　適量／厚手のビニール袋／山葵またはホースラディッシュ

❶牛肉かたまりに塩、こしょうをたっぷりすり込んで1時間置く。

❷厚手の蓋つき鍋に油を熱し、肉全体の表面を強火で焼いて焦げ目をつけ取り出す。

❸同じ鍋にくず野菜の半量を敷き、肉をのせて野菜をかぶせ、蓋をして5～6分蒸し焼きにする。

❹肉を取り出したらすぐ厚手のビニール袋に入れ、口を封じて氷水で冷し、あら熱が取れたら冷凍庫へ入れ、少し凍った状態になるまで置く。

❺肉を薄切りにし、山葵やホースラディッシュを添えて出す。

＊肉を冷凍庫に入れるのは、急速に冷やして色よく仕上げるため、焼けた部分と生の部分をはっきり分けるため、薄く切りやすくするためです。

【雛祭りのご馳走】

潮汁／五目寿司／鯛の刺身／白和え／
湯葉と筍、菜の花の炊き合わせ

◉五目寿司の作り方（5人分）

材料：米　3カップ／合わせ酢＝酢　大さじ4、砂糖　大さじ3、塩　大さじ1弱／五目野菜（にんじん　椎茸　ごぼう　かんぴょう　高野豆腐　絹さや　玉子　かまぼこ　紅しょうがなど）／五目野菜の調味料＝しょうゆ　1弱、みりん　1、だし　1の割合で

❶合わせ酢の材料をよく合わせ、砂糖や塩を溶いておく。

❷米を少しかために炊き、炊き上がったら蒸らさずすぐに寿司桶に取って合わせ酢を一気に回しかけすぐ蓋をして10分蒸らす。木杓子で切るように混ぜ合わせ、重く感じてきたらうちわで扇いで冷ます。混ぜていて粘り気を感じたら急いで冷ます。

❸にんじん、椎茸、ごぼう、かんぴょう、高野豆腐の甘辛く煮たものを、人肌程度の温度になったすし飯に混ぜ合わせ、下ゆでした絹さや、錦糸玉子、かまぼこ、紅しょうがを飾る。

【端午の節句の祝い膳】

空豆／新じゃが揚げ煮／鯛の兜焼き／
ひと口むすび／若竹汁／煮豚

◉新じゃが揚げ煮の作り方（5人分）

材料：新じゃが　300g／揚げ油　適量／だし汁　2カップ／調味料＝さっぱり味派なら塩　小さじ1/3／こってり味派ならしょうゆ　大さじ4～5、砂糖　大さじ4～5／塩　少々

❶じゃが芋は、皮つきのまますり鉢でこすり洗いをして皮をむく。

❷たっぷりの油を約170℃に熱し、水気を拭いたじゃが芋をじっくり揚げる。

❸だし汁でじゃが芋を煮、好みの味つけをして、汁気がなくなるまで煮、強火でからめるように仕上げる。

【七夕の夕餉《ゆうげ》】

そうめん／鮎の塩焼き／おくらの煮浸し／きゅうりと穴子の酢のもの／冬瓜《とうがん》スープ

◉おくらの煮浸しの作り方（5人分）

材料：おくら　20本／だし汁　2カップ／塩　小さじ1/3

❶だし汁に塩を入れて味をつけ、冷ましておく。
❷おくらにたっぷりの塩をすり込み、たっぷりの湯で色目を見ながら1〜2分ゆでる。
❸水をかけながらおくらを冷まし、水気を取ってだし汁に浸し冷蔵庫へ。

◉そうめん、蕎麦つゆの作り方（4〜5人分）

材料：みりん　1カップ／しょうゆ　1カップ／だし汁　3〜4カップ

❶みりんをさっと煮てアルコール分を飛ばし、しょうゆ、だし汁を加えてさっと加熱する。
❷つゆのあら熱を取り、冷蔵庫で冷やす。保存は2〜3日。

【重陽の菊の膳】

菊花ごはん／秋刀魚の塩焼き／焼き茄子／鶏ときのこのうまみ焼き／菊浸し

◉鶏ときのこのうまみ焼きの作り方（4人分）

材料：鶏手羽元　8本／きのこ（エリンギ、しめじ、椎茸、舞茸など）　2パック／塩　適量／こしょう　適量／浸けだれ＝みりん　しょうゆ各同量

❶鶏手羽元に塩、こしょうして1時間ほど置く。
❷みりんとしょうゆを合わせた浸けだれをビニール袋に入れ、水気を拭き取った鶏を入れて空気を抜き、冷蔵庫で約1時間浸ける。
❸鶏の水気を取り、遠火の中火で焼く。
❹きのこは小房に分け、鶏を浸けたたれをつけながら焼く。

【クリスマス・ディナー】

和風ローストチキン／じゃが芋なます／生牡蠣《なまがき》／ほうれん草のグラタン／パン

◉和風ローストチキンの作り方（4人分）

材料：鶏もも肉　2枚／塩　適量／浸けだれ＝みりん　しょうゆ各同量

❶鶏もも肉に塩をし、約1時間置く。
❷鶏からでてきた水気を取り、みりんとしょうゆの浸しだれに浸け冷蔵庫で一晩置く。
❸鶏の水気を取り、手前からクルクル巻いて皮目を上にし、180℃に予熱したオーブンで焦げ目がつくまで約20分焼く。
❹鶏ロールが冷めたら、1㎝幅の輪切りに切り分ける。

和の工夫を広げるために役立つお店

Toine（といね）

置き畳＝軽量で持ち運び便利な半畳大の畳。畳表や縁の違いでバリエーションいろいろ。

〒163-1004　東京都新宿区西新宿3-7-1新宿パークタワー　OZONE 4 F
TEL 03-5322-6528　FAX 03-5322-6529

㈱ニチベイ

ブラインド＝プリーツカーテンブラインド「もなみ」には、和紙や布感覚の「みなも」「せせらぎ」「すきこみ」などが／ロールスクリーン＝ナチュラルテイストの無地や「朧」「風」などと名づけられたプリントスクリーンが。

〒103-0027　東京都中央区日本橋3-15-4　TEL 03-3272-0174
ホームページ：http://www.nichi-bei.co.jp

立川ブラインド工業㈱

ブラインド＝和風シリーズには「風」や「穂波」が／プリーツスクリーン＝和風の15柄35アイテムがそろっている／ロールスクリーン＝木綿や麻の風合いをもつ「ナチュラルクオリティ」16種、「経木スダレシリーズ」10種。無地や柄物の中にも和風インテリアに調和するものが／シェード＝ロールスクリーンと共通柄の和風製品が

〒105-8561　東京都港区海岸1-11-1　ニューピア竹芝ノースタワー
TEL 03-5404-4500（代）　ホームページ：http://www.blind.co.jp/

大湖産業㈱

木製ブラインド＝「木香里（きこり）」シリーズは、天然木を使った3色のバリエーション。幅45〜175㎝、丈30〜250cmに対応できる。

〒521-1212　滋賀県神崎郡能登川町種1736　TEL 0748-42-0205

リビングデザインセンターOZONE

和紙や植物繊維、布製の各社の壁紙を集めたショールーム。和の伝統的な塗装「柿渋」や「漆」なども紹介している。

〒164-1062　東京都新宿区西新宿3-7-1新宿パークタワー 6 F
TEL 03-5322-6555（代）

備後屋民芸店

日本各地から数多くの民芸品が集められている。食卓の小物から器類、布類、道具類まで、見ているだけで楽しくなる民芸品店。

〒160-0056　東京都新宿区若松町10-6　TEL 03-3202-8084

寿月

銀座阪急裏の小さなお店には、料理研究家のファンも多いという話を納得させる品のいい器が並んでいる。器について聞いてみたいことは、オーナーの中村氏にうかがってみては。

〒104-0061　東京都中央区銀座6-4-15　TEL 03-3573-5577

暮らしのうつわ花田

作家物の器を扱う和食器の店。どれひとつとっても店のセンスを感じさせる、使いやすい器ばかり。

〒102-0074　東京都千代田区九段南2-2-5　TEL 03-3262-0669

鳩居堂

和の季節飾りやカード、和紙類が豊富な老舗。おもてなしの小道具を探す店としてもおすすめ。

〒104-0061　東京都中央区銀座5-7-4　TEL 03-3571-4429

野の花　司

山野草を扱う花屋さん。陶磁器や籠に山野草を生ければ、そこに和の雰囲気が生まれます。

〒104-0061　東京都中央区銀座3-7-21　TEL 03-3535-6929

齋藤宗厚（さいとう　そうこう）

1942年京都生まれ。19歳で結婚し、27歳の年に成城学園の自宅で茶懐石教室を開く。89年より夫とともに茶懐石を供する「一宮庵」を開業。全国二十数カ所にも一宮庵の教場をひろげ、近年はアメリカ、フランスでも茶懐石のデモンストレーションをおこなう。50歳の時、フランスのヴェルサイユでお茶会を開催、百年の歴史を持つル・コルドン・ブルー料理学校にて、日本人では初めての一日講師を務める。茶道にも通じ、枠にとらわれない「茶」を楽しむ席を工夫している。料理教室には、主婦、若いOL、スチュワーデスなど年齢層や職業も広く、著者の人柄に誘われ生徒が集まっている。

装丁　渋川育由
シンボルマーク　秋山孝
本文写真　淺岡敬史
構成　林公子
編集　福島広司　鈴木恵美　伊藤えりか（幻冬舎）

ゆとりを愉しむ新スタイル「和」の工夫生活

2001年11月10日　第1刷発行

著　者　齋藤宗厚
発行者　見城　徹

発行所　株式会社 幻冬舎
〒151-0051　東京都渋谷区千駄ヶ谷4-9-7
電話　03-5411-6211（編集）　03-5411-6222（営業）
振替　00120-8-767643
印刷・製本所　株式会社 光邦

検印廃止

ISBN4-344-90018-9 C2077
Printed in Japan
幻冬舎ホームページアドレス　http://www.gentosha.co.jp/
この本に関するご意見・ご感想をメールでお寄せいただく場合は、comment@gentosha.co.jpまで。